Cap Maths

NOUVEAUX PROGRAMMES 2016

CYCLE 2
CE2

CAHIER
grandeurs et mesures
espace et géométrie

DIRECTEUR DE COLLECTION
Roland Charnay
Professeur de mathématiques

Georges Combier
Professeur de mathématiques

Marie-Paule Dussuc
Professeur de mathématiques en ESPE

Dany Madier
Professeur des écoles

Cette publication est conforme à la nouvelle orthographe
www.orthographe-recommandee.info

Cet ouvrage applique l'orthographe recommandée
par le ministère de l'Éducation nationale.

Hatier

GUIDE ▶ SÉANCE 7			
	ACTIVITÉS	COLLECTIF	INDIVIDUEL
Calcul mental	Répertoire additif	✓	✓
Réviser	Reconnaissance de formes	✓	A B
Apprendre	Longueurs en m, dm, cm	Recherche	

DATE : ....

Reconnaitre des formes

A **Entoure** les lettres des figures qui sont des polygones.

B **Écris** les lettres de tous les carrés qui ont été tracés avec le gabarit carré.

....

Vérifie tes réponses avec le gabarit.

 ISBN : 978-2-218-99318-3

GUIDE ▶ SÉANCE 9			
	ACTIVITÉS	COLLECTIF	INDIVIDUEL
Calcul mental	Écart à la dizaine supérieure ou inférieure	✓	✓
Réviser	Lecture de l'heure : heure, demi-heure, quart d'heure		A B
Apprendre	Dates et durées : jours et mois	Recherche	1 à 3

DATE : ....

Lire l'heure

A **Écris** l'heure affichée par chaque horloge.

a. 

Il est ....
....

b. 

Il est ....
....

c. 

Il est ....
....

d. 

Il est ....
....

B **Dessine** l'aiguille qui manque sur chaque horloge.

a. Il est 9 heures.

b. Il est 6 heures et demie.

c. Il est 10 heures et demie.

d. Il est 7 heures et quart.

DICO 43 Trouver une date ou une durée

1 Le 13 avril, le chat de la Mère Michel s'est échappé.

a. Le 13 mai, la Mère Michel a retrouvé son chat.
Pendant combien de temps s'est-il échappé ?

....

b. 20 jours plus tard, le chat s'est de nouveau échappé.
À quelle date ce fripon s'en est-il allé ?

....

2 Parti de Brest le 25 septembre pour un tour du monde en solitaire, le célèbre navigateur Levoilier a cassé son mât et a dû abandonner la course le 4 novembre.

Quelle a été la durée de la course pour le navigateur ?

....

....

3 L'été dernier, Lou est partie en vacances le 12 juillet pour une durée de 1 mois et 7 jours.

Quel jour est-elle revenue ? ....

GUIDE ▶ BILAN	PRÉPARATION	BILAN	CONSOLIDATION
Longueurs en m, dm, cm	A	Exercices 1 et 2	1 2 p. 5
Dates et durées : jours et mois	B	Exercice 3	3 à 6 p. 5

Je prépare le bilan QCM

Coche la ou les bonnes réponses s'il y en a plusieurs.

A **Pour mesurer la hauteur du mur du préau, les instruments les plus adaptés sont :**

☐ le décamètre ☐ le double décimètre ☐ le mètre pliant

B Flip est en vacances sur la planète Capa depuis le 1er septembre.
Nous sommes le 15 octobre.
Depuis combien de temps est-il parti ?

☐ 1 mois ☐ 2 mois ☐ 1 mois et demi ☐ 2 mois et demi

DATE : ....

Je fais le bilan

1 **Complète.** p. 5 1 et 2

a. 1 décimètre = ... centimètres

b. 1 mètre = ... centimètres

c. 1 mètre = ... décimètres

d. 200 centimètres = ... mètres

2 a. Avec ton double décimètre, **trace un trait qui mesure 1 dm 6 cm.**

b. **Écris** la longueur de ce trait en cm : ....

3 Pok a fait le tour de la France en bicyclette. p. 5 3 à 6
Il est parti le 28 juin de Capville et y est revenu le 15 septembre.

Combien de temps a duré son voyage ?
Donne ta réponse en mois et en jours.

....

Je consolide mes connaissances

1 **Continue** ce trait pour qu'il mesure 2 dm.

2 **Complète.**

a. 3 décimètres = ... centimètres

b. 4 mètres = ... centimètres

c. 2 mètres = ... décimètres

d. 40 décimètres = ... mètres

3 Lou est partie le 7 avril pour deux semaines.
À quelle date est-elle revenue ?

....

....

4 Flip fait un séjour sur l'Ile du Dauphin du 18 juin au 20 juillet.

Quelle est la durée de son séjour ?

....

....

5 Sam part le 19 mai à New York pour un séjour de 2 mois et 6 jours.

À quelle date revient-il ?

....

6 **Utilise 1 mois = 30 jours et complète.**

a. 40 jours = ... mois .... jours

b. 2 mois = ... jours

c. 3 semaines = ... jours

d. 1 mois 2 semaines = ... jours

DATE : ....

GUIDE ▶ SÉANCE 7			
ACTIVITÉS		COLLECTIF	INDIVIDUEL
Calcul mental	Addition, soustraction, complément de dizaines et centaines	✓	✓
Réviser	Carrés et rectangles : longueurs des côtés	✓	A
Apprendre	Mesure avec une règle graduée	Recherche	1 à 3 p. 7

Reconnaitre un carré ou un rectangle

A Écris le numéro de la description dans le carré ou le rectangle qui lui correspond.

1. Mes deux côtés les plus longs mesurent chacun 5 cm.
2. Tous mes côtés mesurent 5 cm.
3. Mes deux côtés les plus courts mesurent chacun 5 cm.
4. Ma longueur mesure 7 cm.
5. Ma largeur mesure 2 cm.
6. Ma longueur mesure 6 cm et ma largeur 4 cm.
7. Tous mes côtés mesurent 4 cm.

DICO 32

Mesurer une longueur avec une règle cassée

1 Avec la règle bleue, **mesure** les segments a, b et c, puis **complète**.

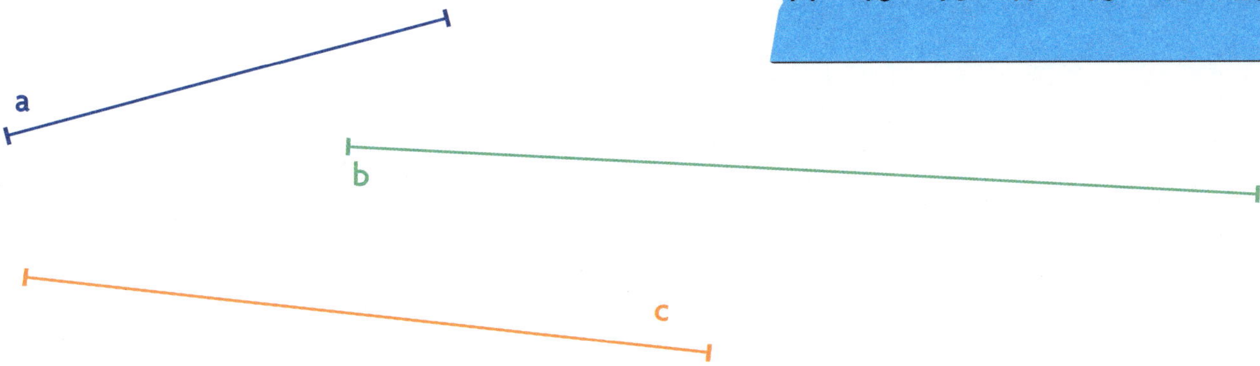

- a mesure .... cm.
- b mesure .... cm.
- c mesure .... cm.

2 Avec la règle verte, **mesure** les segments d, e, f, g et h, puis **complète**.

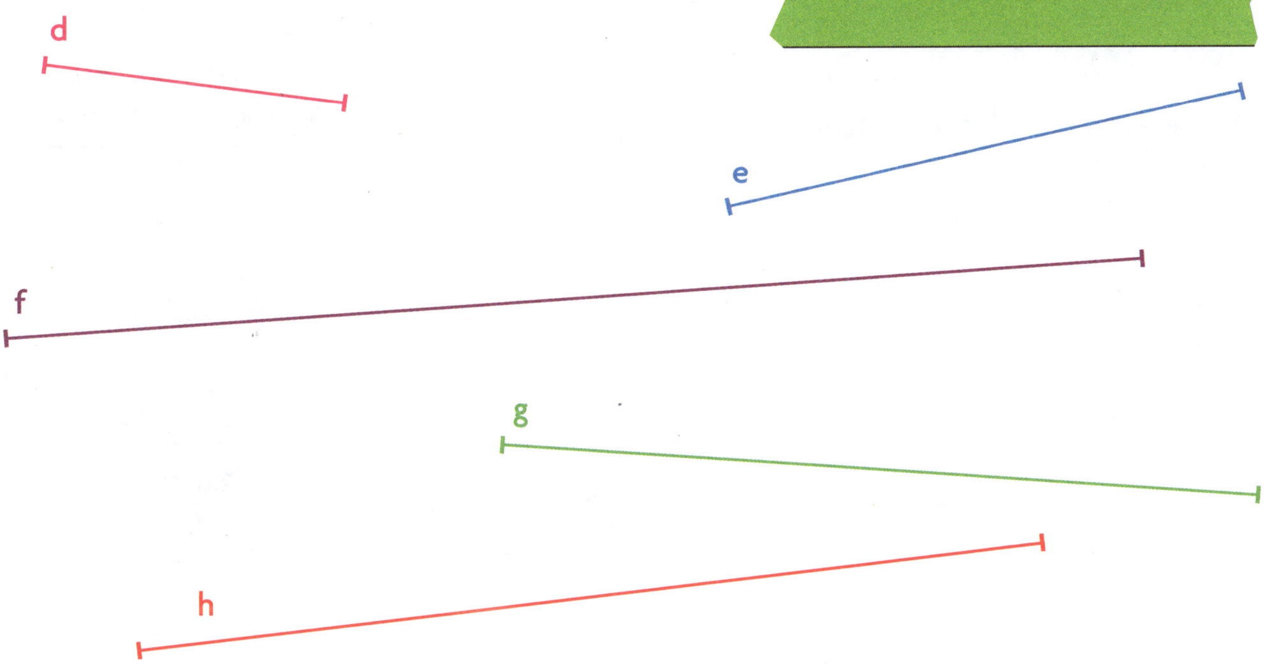

- d mesure .... cm.
- e mesure .... cm.
- f mesure .... cm.
- g mesure .... cm.
- h mesure .... cm.

3 **Crée une règle cassée en numérotant les graduations de la règle blanche.**
Explique comment il faut l'utiliser pour mesurer n'importe quel segment.

....

....

....

GUIDE ▶ SÉANCE 8			
	ACTIVITÉS	COLLECTIF	INDIVIDUEL
Calcul mental	Doubles et moitiés	✓	✓
Réviser	Carrés et rectangles : longueurs des côtés		A B
Apprendre	Angle droit	Recherche	1 2 p. 9

DATE : ....

Compléter un carré et un rectangle

A Termine la construction du carré.

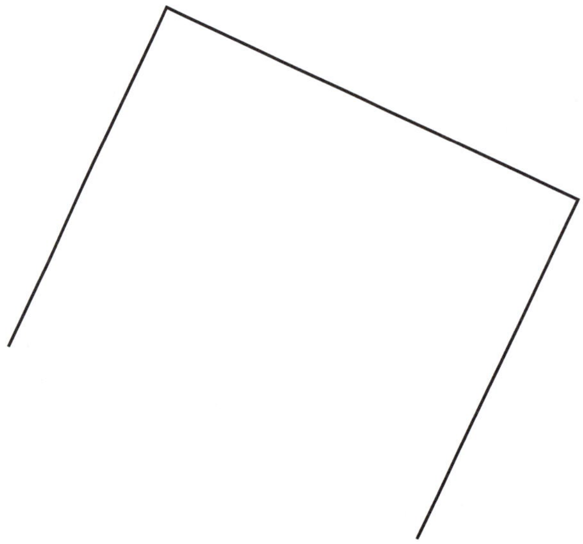

B Termine la construction du rectangle.
Sa longueur mesure 9 cm.

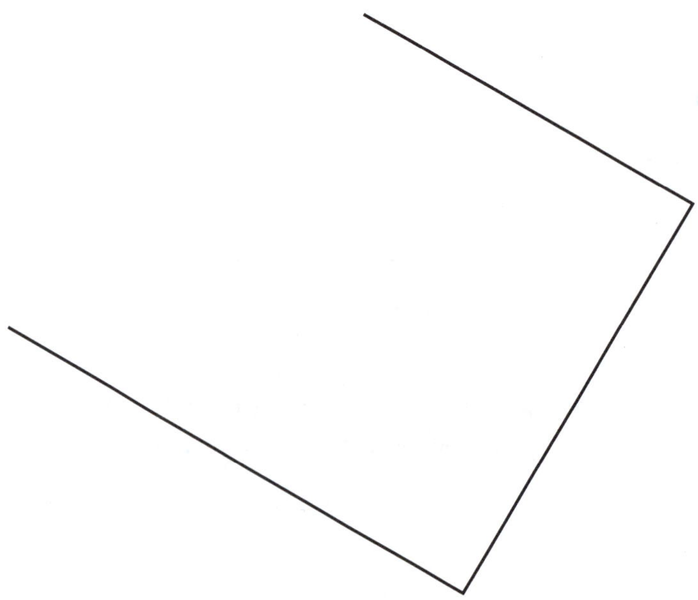

DICO 48

Trouver les angles droits

1 **Trouve** les angles droits de chaque polygone et **code-les**.
Puis **écris** combien il y en a.

A : .... B : .... C : .... D : .... E : .... F : ....

2 **La figure F est-elle un carré ?** Oui Non

Explique ta réponse : ....

....

DATE : ....

GUIDE ▶ SÉANCE 9			
	ACTIVITÉS	COLLECTIF	INDIVIDUEL
Calcul mental	Doubles et moitiés	✓	✓
Réviser	Mesure de lignes brisées		A à C
Apprendre	Angles droits, carrés, rectangles	Recherche	1 à 3 p. 11

Mesurer la longueur de lignes brisées

Pour les exercices A à C, utilise ton double décimètre.

A **Mesure les lignes a, b et c.** Écris leurs mesures en centimètres.

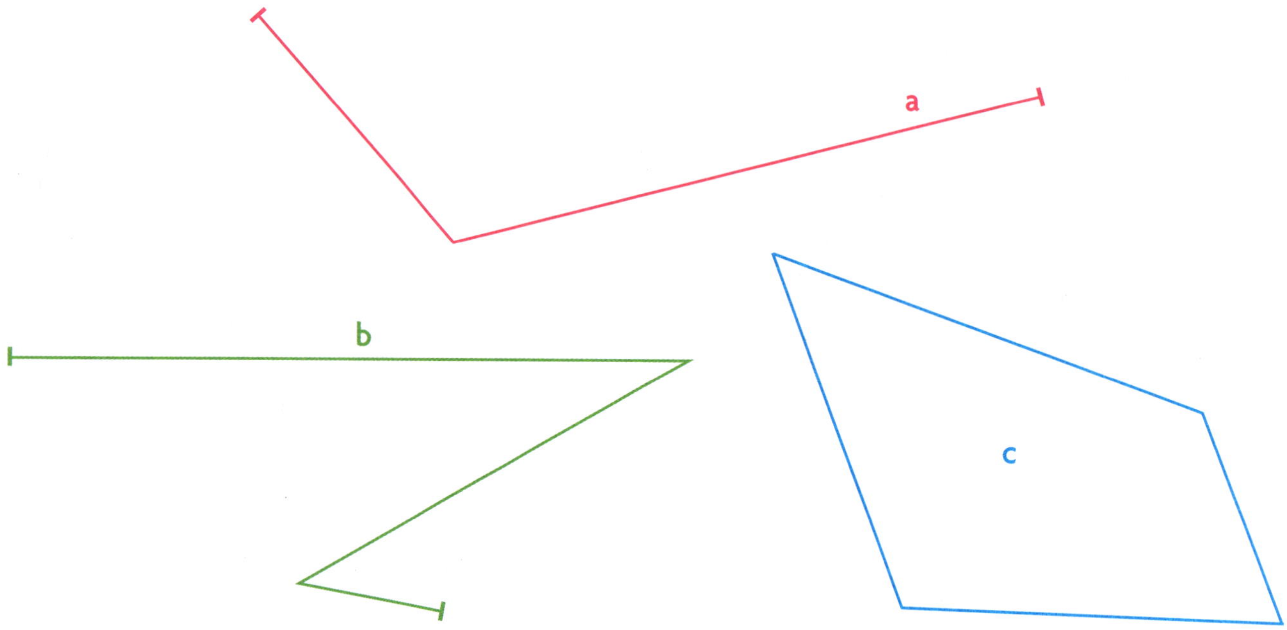

• a mesure .... • b mesure .... • c mesure ....

B **Complète la ligne brisée avec un troisième segment.**
Au total, la ligne doit mesurer 20 cm.

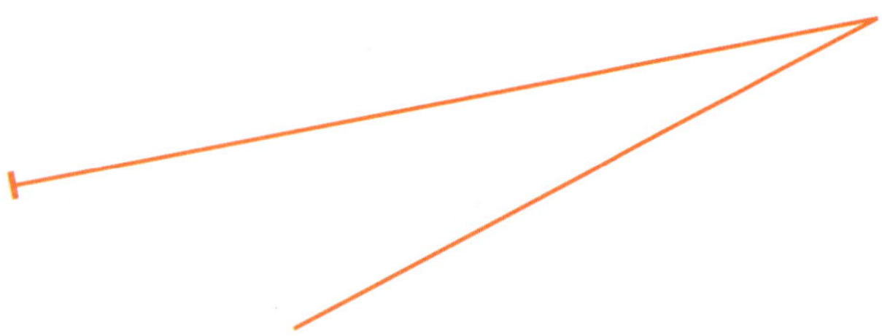

C **Trace,** dans ce cadre, une ligne qui mesure 25 cm.

DICO 53

Reconnaitre certains quadrilatères

Pour les exercices 1 à 3, utilise les figures A à G.

1 **Y a-t-il des carrés ?** OUI NON

Si OUI, écris la ou les lettres qui les désignent : ....

2 **Y a-t-il des rectangles qui ne sont pas des carrés ?** OUI NON

Si OUI, écris la ou les lettres qui les désignent : ....

3 **Y a-t-il des quadrilatères qui ont tous leurs côtés de même longueur, sans être des carrés ?** OUI NON

Si OUI, écris la ou les lettres qui les désignent : ....

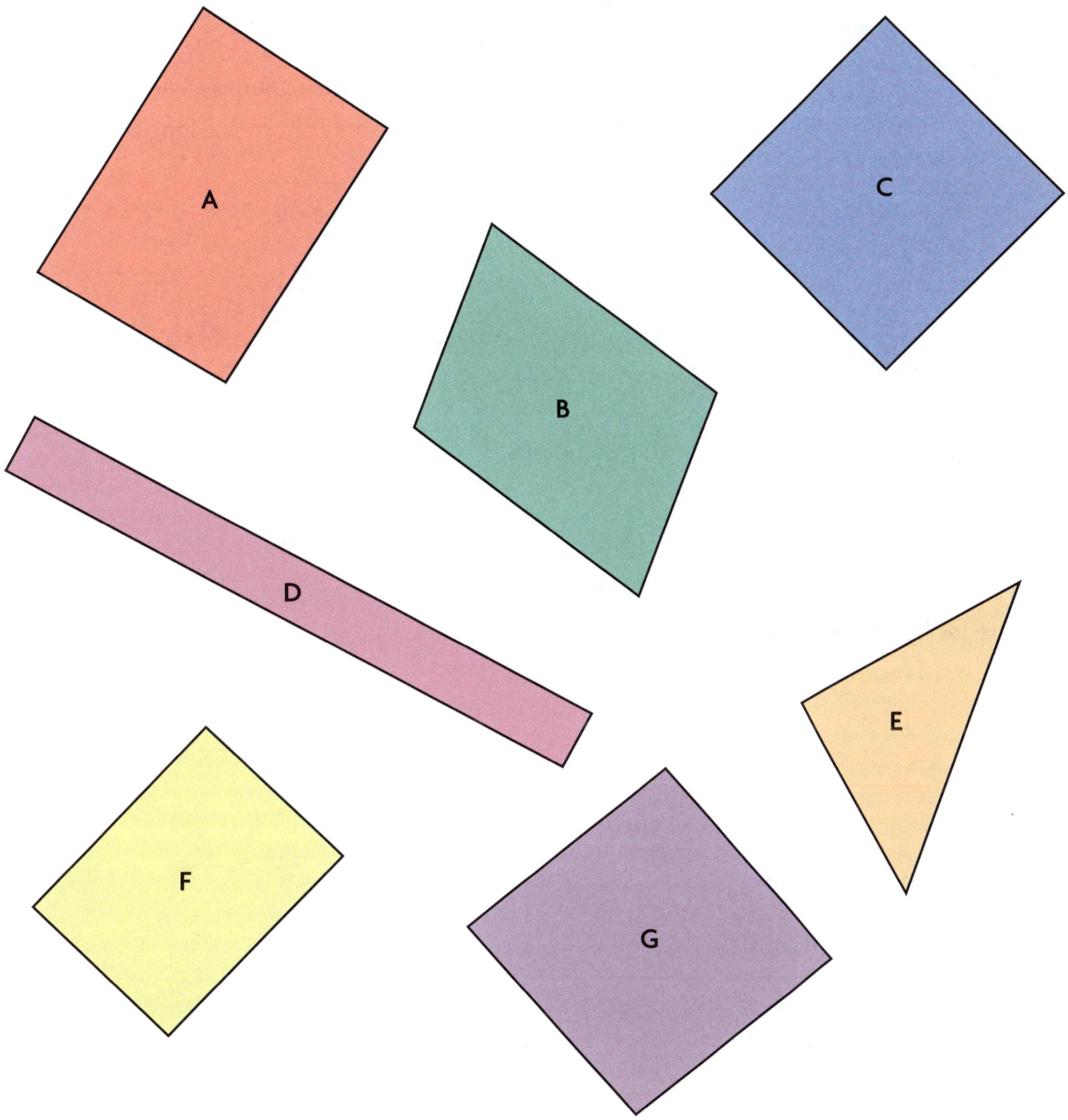

GUIDE ▶ BILAN	PRÉPARATION	BILAN	CONSOLIDATION
Mesure avec une règle graduée	A	Exercices 1 à 3	1 2 p. 14
Angles droits, carrés, rectangles	B	Exercices 4 et 5	3 à 6 p. 15-16

Je prépare le bilan QCM

Coche la ou les bonnes réponses s'il y en a plusieurs.

A On mesure le segment d avec la règle jaune.

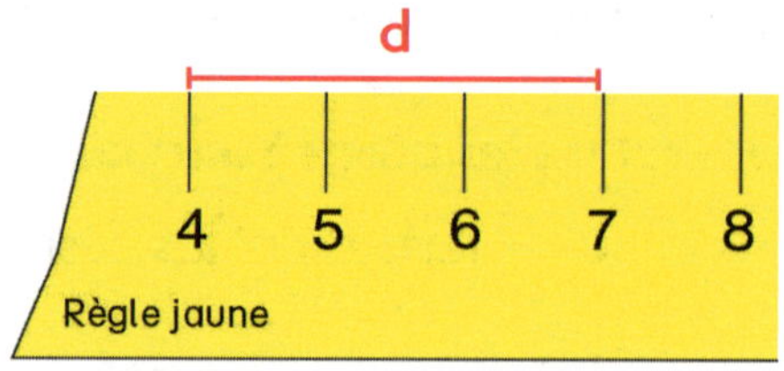

d **mesure :**

- ☐ 3 cm
- ☐ 7 cm
- ☐ 4 cm
- ☐ on ne peut pas mesurer d avec la règle jaune.

B

Les phrases correctes sont :

- ☐ Un angle droit est un angle d'un carré.
- ☐ Dans un carré, tous les angles sont des angles droits.
- ☐ Un rectangle a seulement 2 angles qui sont des angles droits.
- ☐ Dans un rectangle, les côtés opposés ont même longueur.

DATE : ....

Je fais le bilan

1 **Mesure** la ligne avec la règle rose, puis **complète.**

La ligne mesure .... cm.

p. 14 1 et 2

Pour les exercices 2 et 3, utilise ton double décimètre.

2 **Mesure les lignes a et b**, puis **complète.**

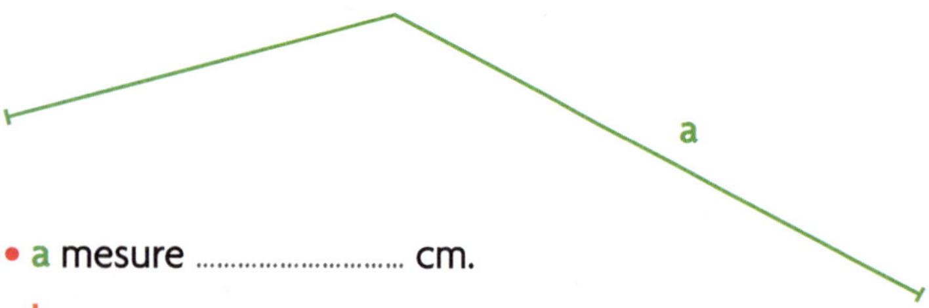

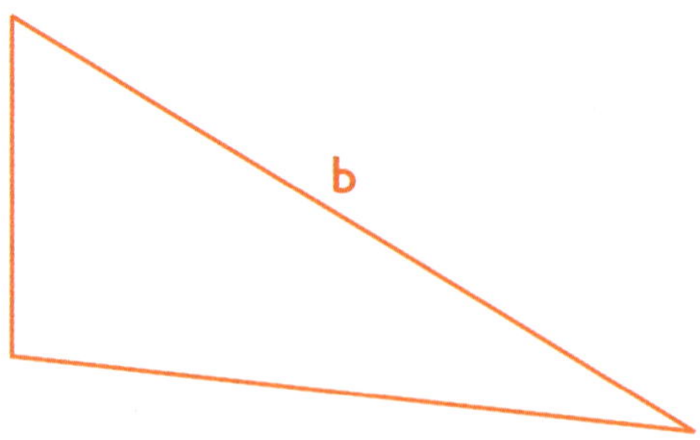

- a mesure .... cm.
- b mesure .... cm.

3 **Trace, dans ce cadre, une ligne de 26 cm de longueur.**

4 **Trouve** les angles droits de chaque polygone et **code-les**.

Puis **écris** combien il y en a : • A : .... • B : ....

p. 15-16 3 à 6

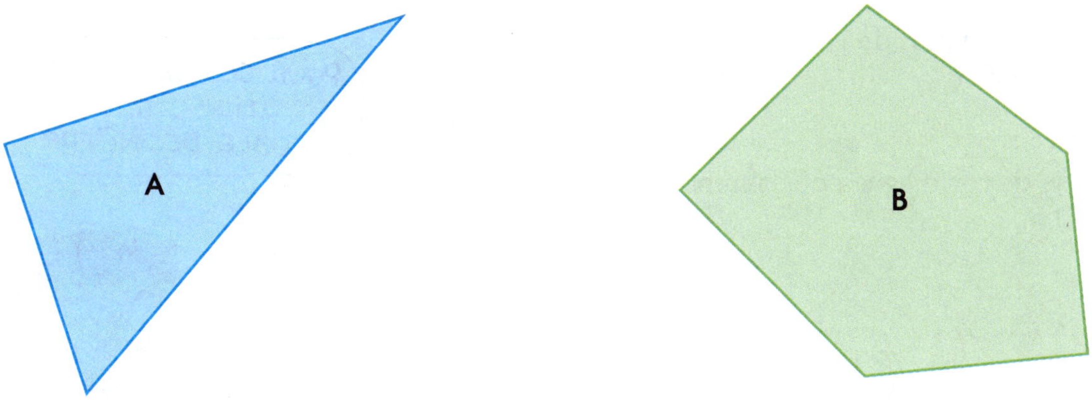

5 Parmi ces quadrilatères :

a. **Y a-t-il des carrés ?** OUI NON

Si OUI, écris la ou les lettres qui les désignent : ....

b. **Y a-t-il des rectangles qui ne sont pas des carrés ?** OUI NON

Si OUI, écris la ou les lettres qui les désignent : ....

Je consolide mes connaissances

1 a. La ligne tracée mesure plus de 1 m. **Combien mesure-t-elle ?**

....

b. **Barre** une partie de cette ligne pour obtenir une longueur de 1 m.

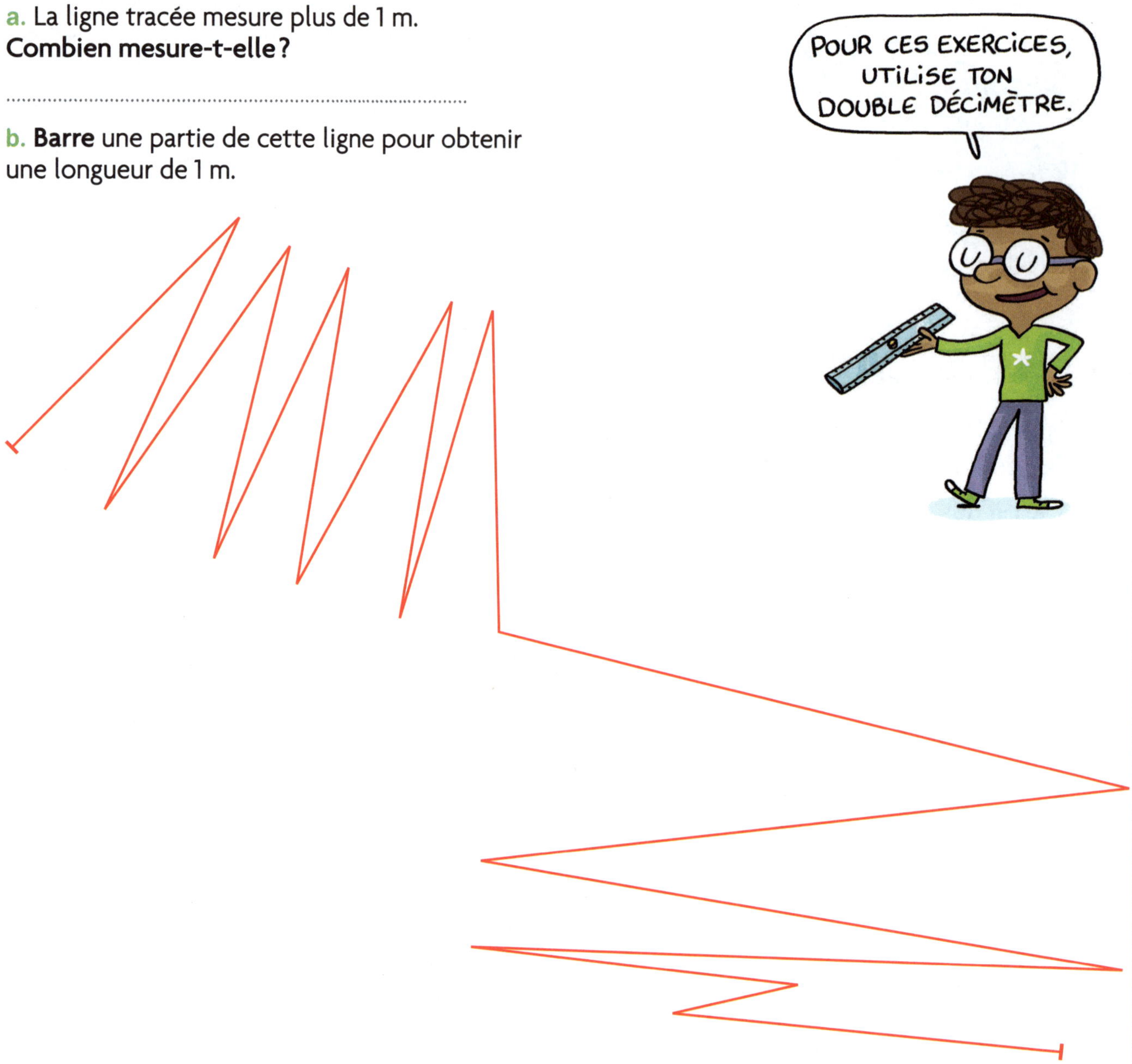

2 **Trace** d'abord une ligne de 20 cm de long **puis complète-la** pour avoir une ligne de 50 cm de long.

3 **Termine la construction du carré.**

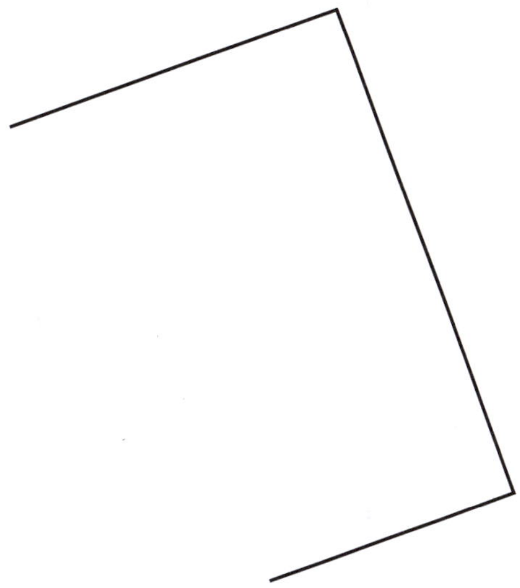

4 **Termine la construction du rectangle.**
Sa longueur mesure 11 cm.

5 **Trouve** les pièces qui peuvent servir de gabarit d'angle droit. **Entoure leur lettre.** **Code les angles droits.** Aide-toi d'un gabarit carré.

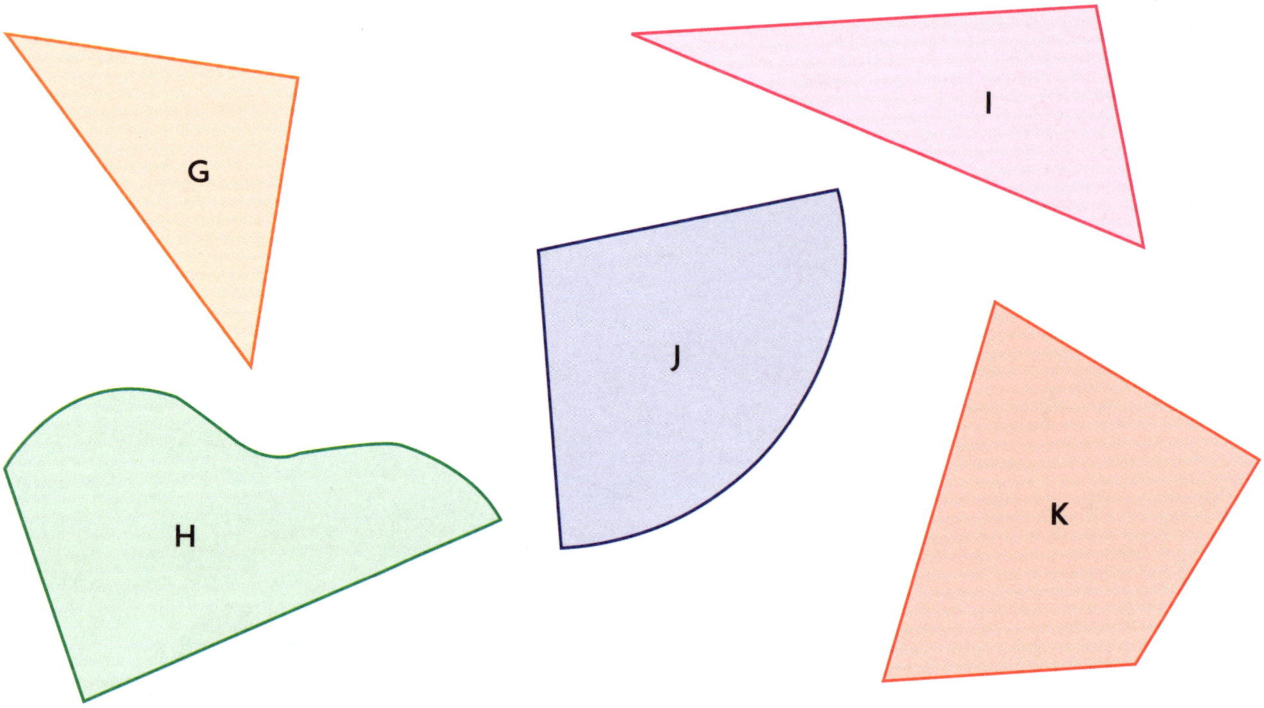

6 a. **Qui suis-je ?**

- Je suis un carré de 4 cm de côté : ....
- Je suis un rectangle. Ma longueur mesure 4 cm : ....

b. **Trouve** le ou les carrés, **entoure** leur lettre **en bleu**.

c. **Trouve** le ou les rectangles, **entoure** leur lettre **en rouge**.

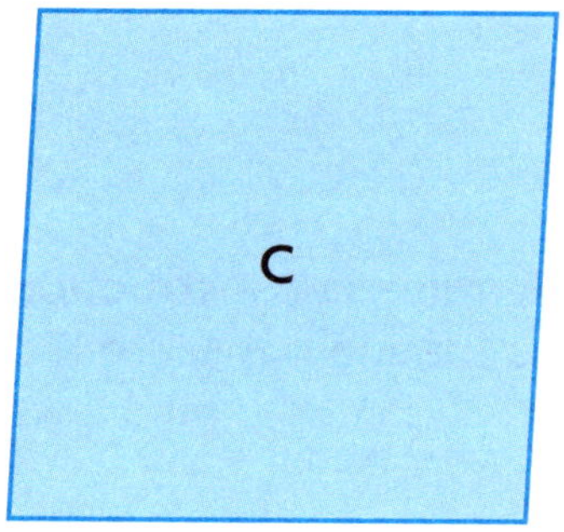

DATE : ....

GUIDE ▶ SÉANCE 7			
	ACTIVITÉS	COLLECTIF	INDIVIDUEL
Suite de nombres	Le furet de 3 en 3	✓	✓
Réviser	Équerre et reconnaissance d'angles droits		A B
Apprendre	Lecture de l'heure : heures et minutes	Recherche	1 2

Reconnaitre des angles droits avec une équerre

A Trouve les angles droits et code-les.

B Trouve les angles droits de chaque polygone et code-les.

Puis **écris** combien il y en a : A : .... B : ....

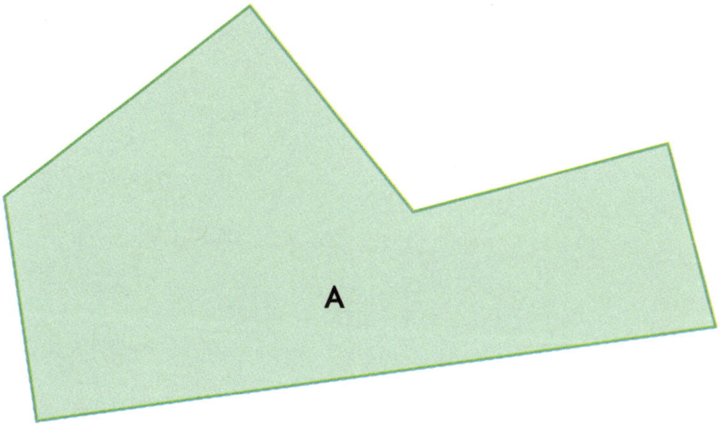

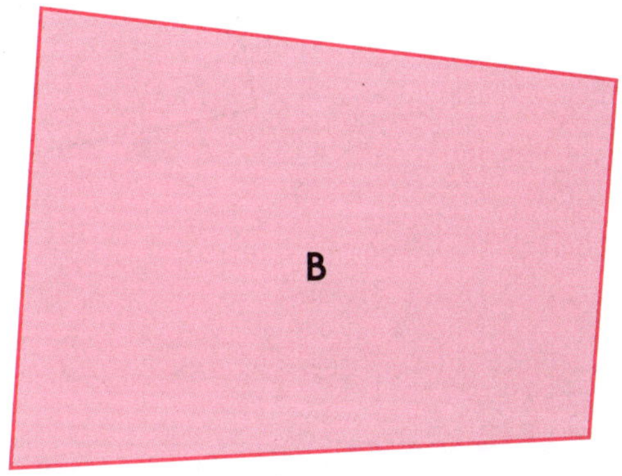

DICO 40•41 Lire l'heure

1 **Écris** l'heure affichée sur chaque horloge.

a. 

Il est ....

b. 

Il est ....

c. 

Il est ....

d. 

Il est ....

2 La grande aiguille de ces horloges est cassée. **Coche la bonne réponse.**

a. 

- ☐ Il est midi.
- ☐ Il est 6 heures.

b. 

- ☐ Il est 5 heures.
- ☐ Il est 5 heures et demie.

c. 

- ☐ Il est 8 heures.
- ☐ Il est 8 heures et demie.

d. 

- ☐ Il est 9 heures.
- ☐ Il est 8 heures 30 minutes.

DATE : ....

GUIDE ▶ SÉANCE 8			
	ACTIVITÉS	COLLECTIF	INDIVIDUEL
Suite de nombres	Le furet de 6 en 6	✓	✓
Réviser	Équerre et tracé d'angles droits		A B
Apprendre	Longueurs en cm et mm	Recherche	1 à 3 p. 19

Tracer des angles droits avec une équerre

A Lou a commencé à tracer une ligne brisée.

a. **Vérifie** que tous les angles tracés sont droits.

b. **Continue** la ligne de Lou en ne traçant que des angles droits.

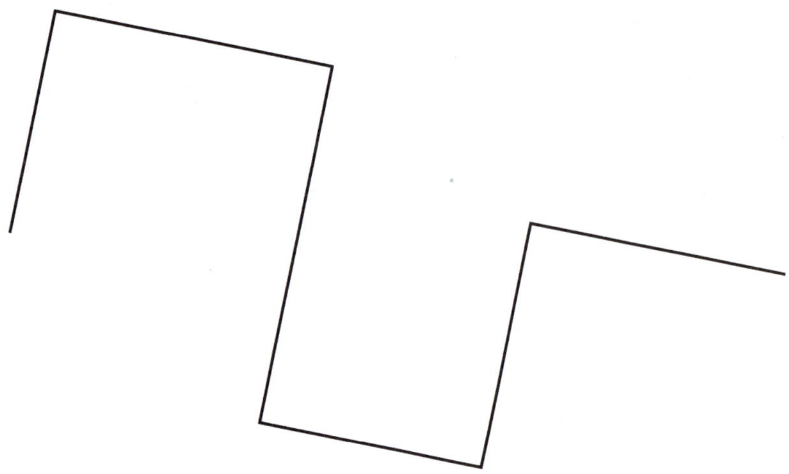

B Sam a commencé à dessiner une spirale en ne traçant que des angles droits.
Continue la spirale de Sam.

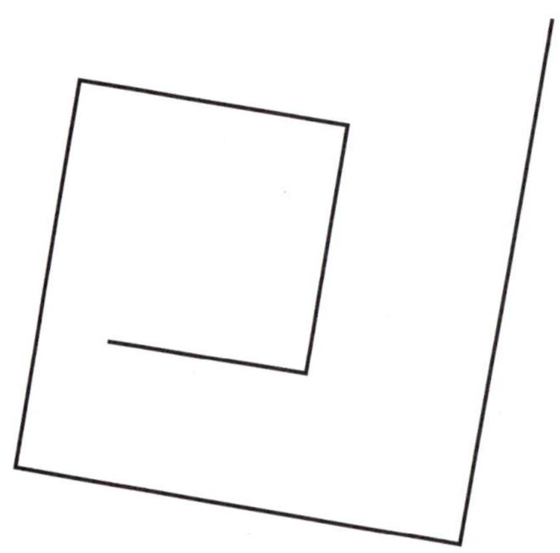

DICO 32•34

Mesurer ou tracer des segments

1 **Mesure chaque ligne, puis complète.**

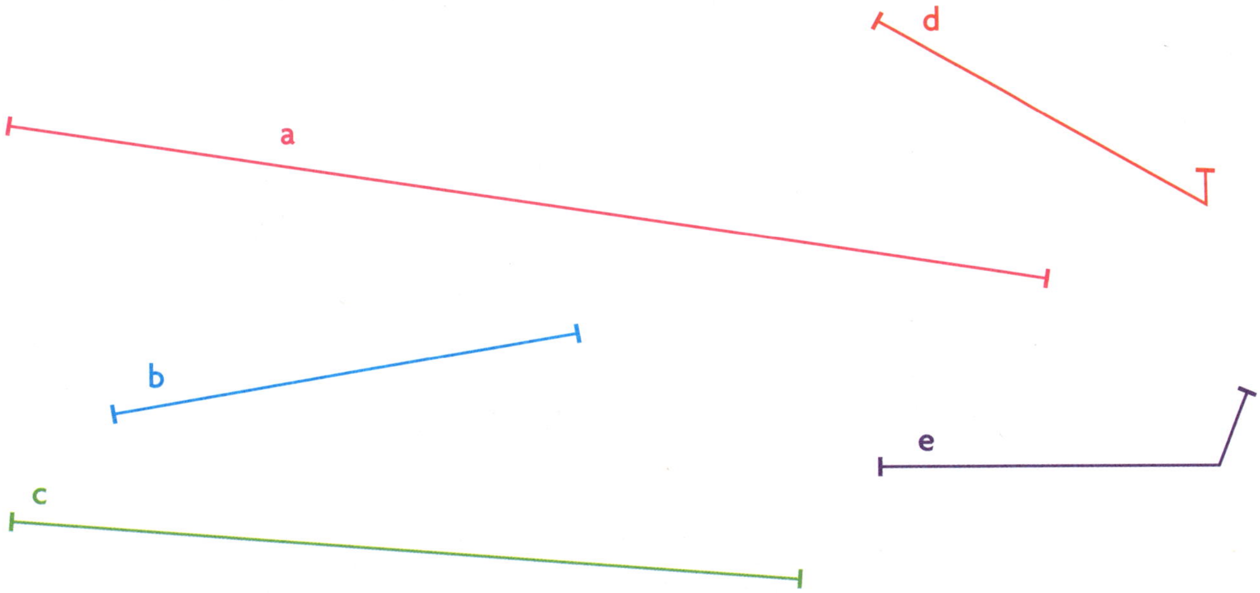

a mesure ………… cm ………… mm ou ………… mm

b mesure ………… cm ………… mm ou ………… mm

c mesure ………… cm ………… mm ou ………… mm

d mesure ………… cm ………… mm ou ………… mm

e mesure ………… cm ………… mm ou ………… mm

2 **Trace** les segments f, g, h, i, j et k.

- f mesure 3 cm et 2 mm.
- g mesure 11 cm et 6 mm.
- h mesure 4 mm.
- i mesure 23 mm.
- j mesure 85 mm.
- k mesure 14 cm.

3 **Écris** d'une autre façon les longueurs des segments f, g, i et j que tu as tracés dans l'exercice 2.

- f mesure ………… mm.
- g mesure ………… mm.
- i mesure ………… cm ………… mm.
- j mesure ………… cm ………… mm.

GUIDE ▶ SÉANCE 9			
	ACTIVITÉS	COLLECTIF	INDIVIDUEL
Suite de nombres	Le furet de 9 en 9	✓	✓
Réviser	Longueurs en cm et mm		A B
Apprendre	Carrés, rectangles, triangles rectangles : construction	Recherche	1 à 3 p. 20-21

DATE : ....

Mesurer ou tracer des segments

A Mesure chaque segment, puis complète.

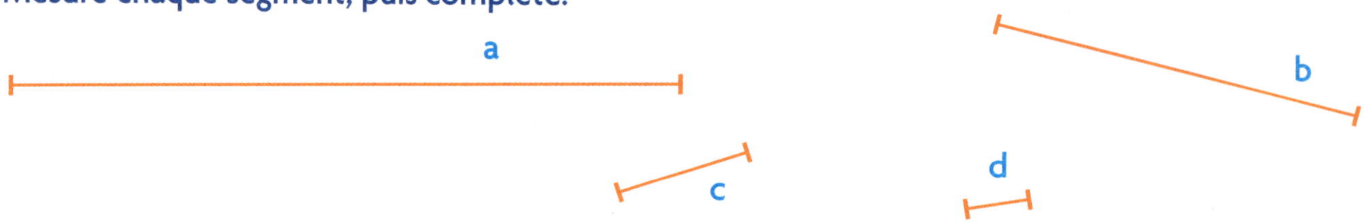

a mesure .... cm .... mm ou .... mm

b mesure .... cm .... mm ou .... mm

c mesure .... cm .... mm ou .... mm

d mesure .... cm .... mm ou .... mm

B **Trace** les segments e, f, g, et h.

- e mesure 4 cm 7 mm.
- f mesure 10 cm 3 mm.
- g mesure 5 mm.
- h mesure 36 mm.

Reproduire ou construire une figure

DICO 49•53

Pour les exercices 1 à 3, utilise ton équerre et ton double décimètre.

1 **Construis un triangle rectangle.**
Un côté de l'angle droit mesure 8 cm 5 mm et l'autre côté de l'angle droit mesure 4 cm.

2 Reproduis ce rectangle.

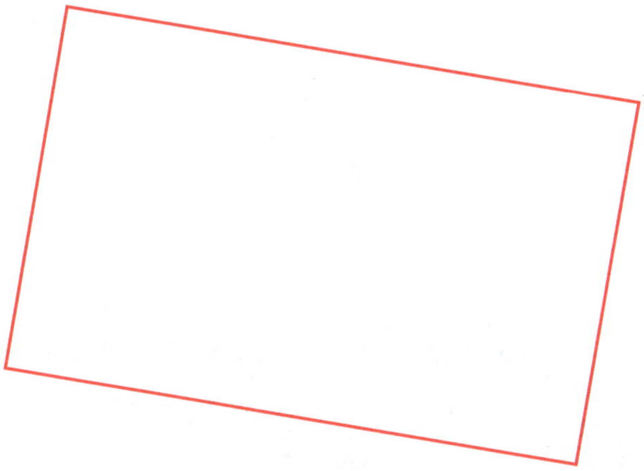

3 Construis un carré de 6 cm de côté.

GUIDE ▶ BILAN	PRÉPARATION	BILAN	CONSOLIDATION
Lecture de l'heure : heures et minutes	A	Exercice 1	1 2 p. 24
Longueurs en cm et en mm	B	Exercices 2 et 3	3 à 5 p. 24
Carrés, rectangles, triangles rectangles	C	Exercices 4 et 5	6 à 9 p. 25

Je prépare le bilan QCM

Coche la ou les bonnes réponses s'il y en a plusieurs.

A **L'heure affichée sur l'horloge est :**

- ☐ 9 heures.
- ☐ 12 heures 45 minutes.
- ☐ 13 heures.
- ☐ 9 heures 5 minutes.

○ ○

B Lou et Sam ont mesuré chacun un segment.
Les affirmations correctes sont :

- ☐ Le segment de Sam est le plus long.
- ☐ Les deux segments ont la même longueur.
- ☐ Le segment de Lou est le plus long.
- ☐ Les deux segments mesurent 1 cm.

○ ○

C **Pour faire cette construction, il faut utiliser :**

- ☐ une règle sans graduation.
- ☐ un compas.
- ☐ un double décimètre.
- ☐ une équerre.

Construis un rectangle.
Sa longueur mesure 7 cm.
Sa largeur mesure 4 cm.

○ ○

DATE : ....

Je fais le bilan

1 **Écris** l'heure affichée sur chaque horloge. p. 24 1 et 2

a.

Il est ....
....

b.

Il est ....
....

c.

Il est ....
....

d.

Il est ....
....

2 **Trace** un segment qui mesure 7 cm 3 mm, puis **complète**. p. 24 3 à 5

Le segment mesure .... mm.

3 **Mesure chaque ligne.**
Écris leur longueur en centimètres et millimètres.

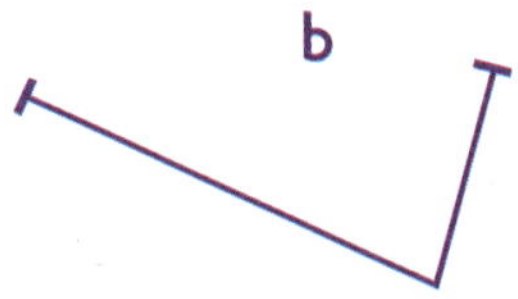

La ligne **a** mesure ....

La ligne **b** mesure ....

p. 25 6 à 9

Pour les exercices 4 et 5, utilise ton double décimètre et ton équerre.

4 **Termine la construction d'un triangle rectangle.**
Un des côtés de l'angle droit est déjà tracé.
Le deuxième côté de l'angle droit mesure 6 cm.

5 **Reproduis ce carré sur la partie droite de la page.**
Tu peux le placer de façon différente du modèle.

Je consolide mes connaissances

1 **Complète.**

a. 

Il est ....

....

b. 

Il est ....

....

c. 

Il est ....

....

d. 

Il est ....

....

2 **Dessine, sur chaque horloge, l'aiguille qui manque.**

a. Il est 10 heures 30 minutes.

b. Il est 4 heures et demie.

c. Il est 8 heures et quart.

d. Il est 9 heures 22 minutes.

3 **Mesure les lignes a et b, puis complète.**

a

b

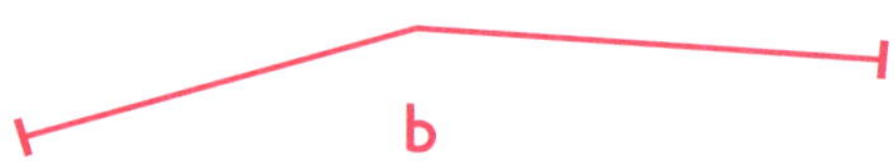

a mesure .... cm .... mm.

b mesure .... cm .... mm.

4 **Trace** un segment qui mesure 45 mm, puis **complète**.

Le segment mesure aussi .... cm .... mm.

5 **Trace** un segment qui mesure 6 cm 2 mm, puis **complète**.

Le segment mesure aussi .... mm.

6 a. **Vérifie** que les deux angles tracés sont des angles droits.

b. **Trace** deux segments pour prolonger cette ligne brisée.
Attention, tous les angles doivent être des angles droits.

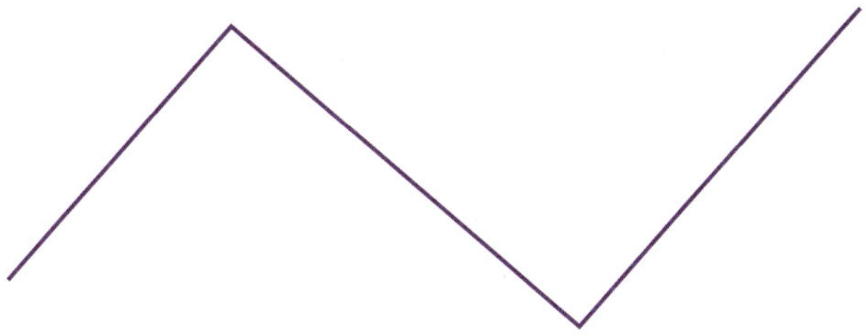

7 **Reproduis ce carré.**

8 **Reproduis ce rectangle.**

9 **Reproduis ce triangle rectangle.**

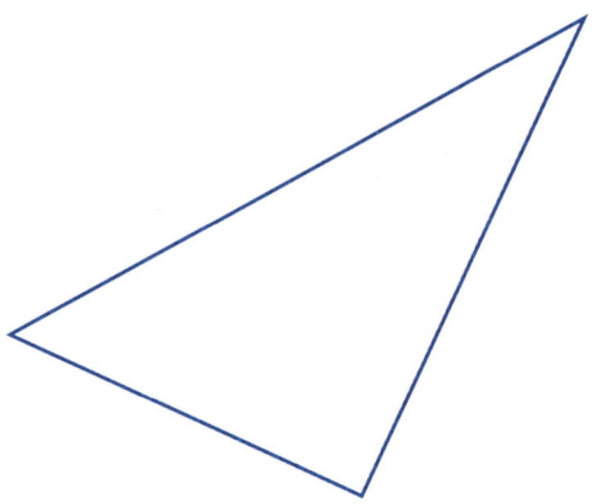

La classe de Sam

1 La place de Sam dans la classe est codée **a 1** et celle de Lou **b 4**.

Quel est le code de la place de Pok ? ....

2 Flip est à la place codée **d 1**, Leïla est à la place codée **c 5**.
Marine est à la place codée **a 4**, Lili est à la place codée **d 3**.
Écris, sur le plan, le nom de chaque élève à la bonne place.

3 Jérémy est derrière Lou et à côté de Leïla.
Pierre est devant Pok et n'est pas à côté de Lou.
Tom est à droite de Lou. Lucie est à gauche de Pok et n'est pas derrière Sam.
Écris, sur le plan, les noms de Jérémy, Pierre, Tom et Lucie à la bonne place.

4 Le maitre a mesuré les tailles de certains élèves.
Il les a notées dans ce tableau :

a. Range ces élèves du plus petit au plus grand.

....

b. Anita est plus grande que Pok.
De combien de cm est-elle plus grande que lui ?

....

élèves	tailles
Sam	1 m 22 cm
Anita	130 cm
Lou	1 m 25 cm
Pok	109 cm
Marine	1 m 33 cm

5 Leïla mesure 5 cm de plus que Lou. José est de la même taille que Sam.
Tom mesure 3 cm de moins que Lili. Lili mesure 10 cm de plus que José.
Quelles sont les tailles de Leïla, de José, de Tom et de Lili ?
Aide-toi du tableau de l'exercice 4 pour répondre.

....

....

GUIDE ▶ SÉANCE 7			
	ACTIVITÉS	COLLECTIF	INDIVIDUEL
Calcul mental	Ajout, retrait d'un petit nombre	✓	✓
Réviser	Lecture de l'heure en heures et minutes	✓	A B
Apprendre	Alignement et milieu d'un segment	Recherche	1 2

DATE : ....

Lire l'heure

A **Complète** en écrivant l'heure ou en dessinant l'aiguille qui manque.

a. 

Il est ....

....

b. 

Il est ....

....

c. 

Il est 7 heures 30 minutes.

d. 

Il est ....

....

e. 

Il est 3 heures 45 minutes.

f. 

Il est 1 heure 30 minutes.

B **Relie** les étiquettes qui correspondent au même horaire.
Attention, certaines étiquettes ne peuvent pas être reliées à une autre étiquette.

10 heures et quart

2 heures moins le quart

6 : 40

midi et demi

10 : 15

6 heures 40 minutes

2 h 45

12 : 30

1 h 45

6 : 20

7 heures moins 20

DICO 47

Placer le milieu ou l'extrémité d'un segment

1 **Place le milieu du segment.**

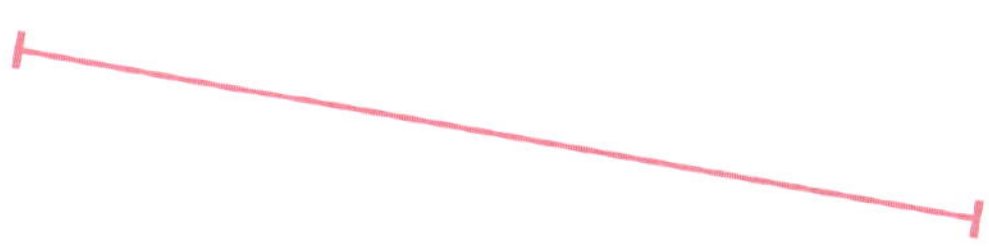

2 **Place le point C.**
Le point B doit être le milieu du segment d'extrémités A et C.

DATE : ....

GUIDE ▶ SÉANCE 8	ACTIVITÉS	COLLECTIF	INDIVIDUEL
Calcul mental	Ajout, retrait d'un petit nombre	✓	✓
Réviser	Les horaires de l'après-midi	✓	A
Apprendre	Longueurs et périmètres	Recherche	1 à 4

Lire l'heure

A **Relie** chaque horloge à l'étiquette ou aux étiquettes qui lui correspondent.

8 heures moins le quart — 20 h 45 — 19 h 45 — 5 heures et quart — 20 h 30

17 h 15 min — 3 h 25 — 8 heures et demie — 9 h 30 — 5 h 15 min

Mesurer des lignes, calculer des périmètres

DICO 33•34

1 **Mesure chaque ligne, puis complète.**

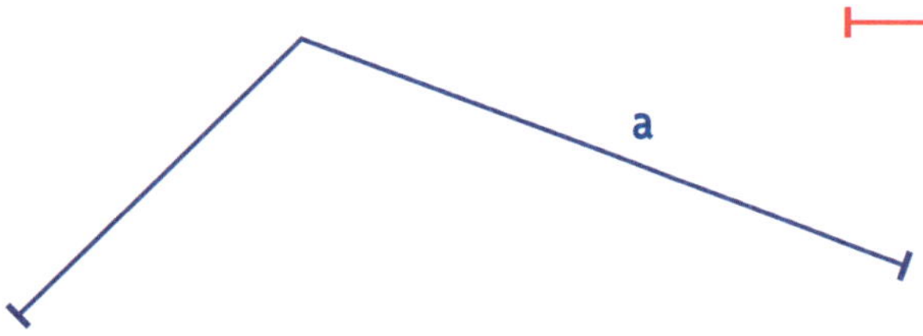

a mesure .... cm .... mm ou .... mm

b mesure .... cm .... mm ou .... mm

2 **Mesure** chaque côté de ce triangle, puis **calcule** son périmètre.

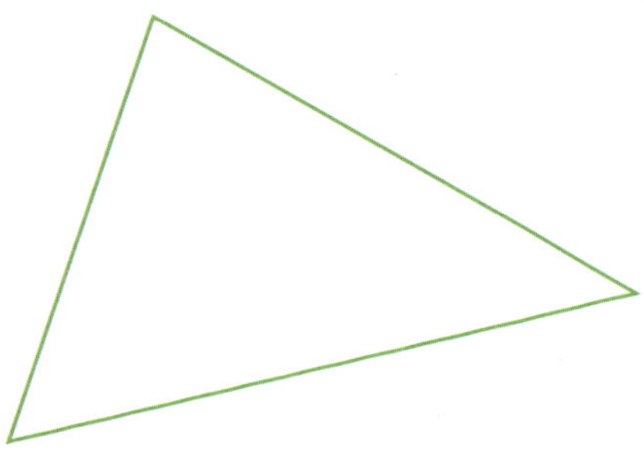

Le périmètre est .... cm .... mm.

3 **Mesure** chaque côté de ce rectangle, puis **calcule** son périmètre.

Le périmètre est .... cm .... mm.

4 **Pour chaque phrase, entoure VRAI ou FAUX, puis explique ta réponse.**

Pour construire une ligne de 9 cm 4 mm, on peut placer bout à bout :

a. un segment de 5 cm 1 mm et un segment de 3 cm 4 mm. VRAI FAUX

....

....

....

b. un segment de 4 cm 7 mm et un segment de 5 cm 7 mm. VRAI FAUX

....

....

....

GUIDE ▶ SÉANCE 9	ACTIVITÉS	COLLECTIF	INDIVIDUEL
Calcul mental	Ajout, retrait d'un petit nombre	✓	✓
Réviser	Longueurs et périmètres		A à C
Apprendre	Reproduction sur quadrillage	Recherche	1 p. 30

DATE : ....

Mesurer des lignes, calculer des périmètres

A Mesure chaque ligne, puis complète.

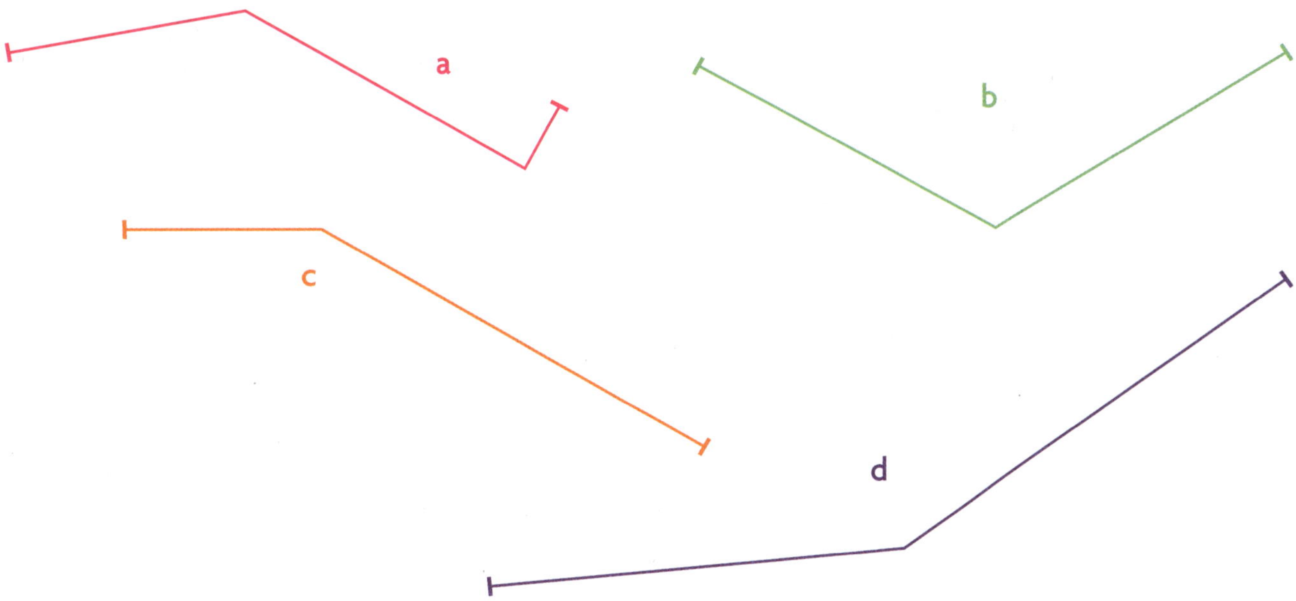

a mesure .... cm .... mm ou .... mm

b mesure .... cm .... mm ou .... mm

c mesure .... cm .... mm ou .... mm

d mesure .... cm .... mm

ou .... dm .... cm............... mm

ou .... mm

B Trouve la longueur de la ligne obtenue en mettant bout à bout deux segments.

a. Le premier segment mesure 7 cm 4 mm et le deuxième 3 cm 5 mm.

La ligne mesure .... cm .... mm.

b. Le premier segment mesure 2 cm 7 mm et le deuxième 3 cm 7 mm.

La ligne mesure .... cm .... mm.

c. Le premier segment mesure 5 cm 8 mm et le deuxième 9 cm 6 mm.

La ligne mesure .... cm .... mm.

d. Le premier segment mesure 8 cm 6 mm et le deuxième 5 cm 4 mm.

La ligne mesure .... cm .... mm.

C **Mesure** les côtés de ce polygone, puis **calcule son périmètre**.

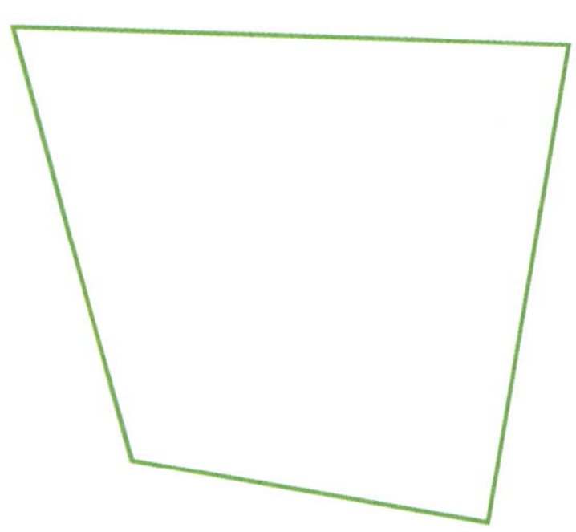

Le périmètre est .... cm .... mm

DICO 44 Reproduire un polygone sur quadrillage

1 a. **Reproduis le triangle bleu**. On a déjà placé le sommet bleu.

b. **Reproduis le quadrilatère rouge**. On a déjà placé le sommet rouge.

c. **Reproduis le carré vert**. À toi de choisir le point de départ.

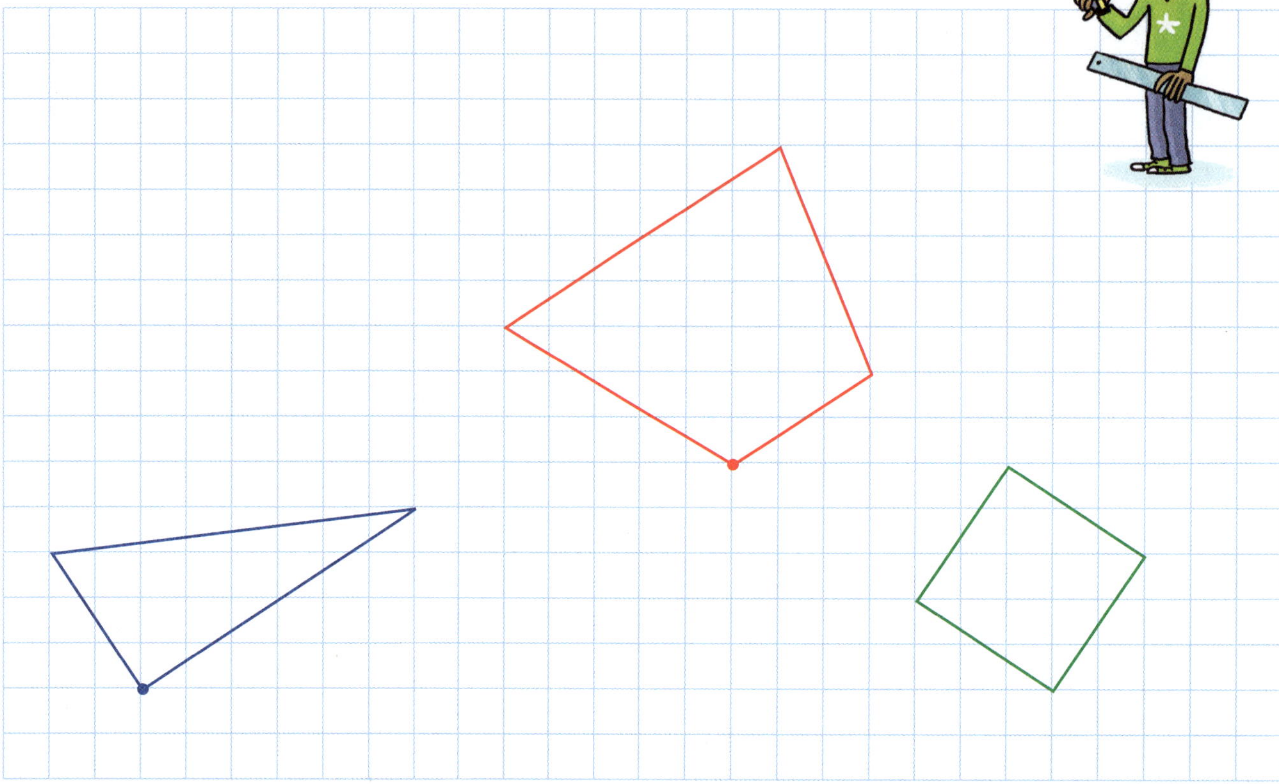

GUIDE ▶ BILAN	PRÉPARATION	BILAN	CONSOLIDATION
Alignement et milieu d'un segment	A	Exercices 1 et 2	1 à 3 p. 33
Longueurs en cm et mm	B	Exercices 3 et 4	4 à 6 p. 33-34
Reproduction sur quadrillage	C	Exercice 5	7 p. 34

Je prépare le bilan QCM

Coche la ou les bonnes réponses s'il y en a plusieurs.

A Les phrases exactes sont :

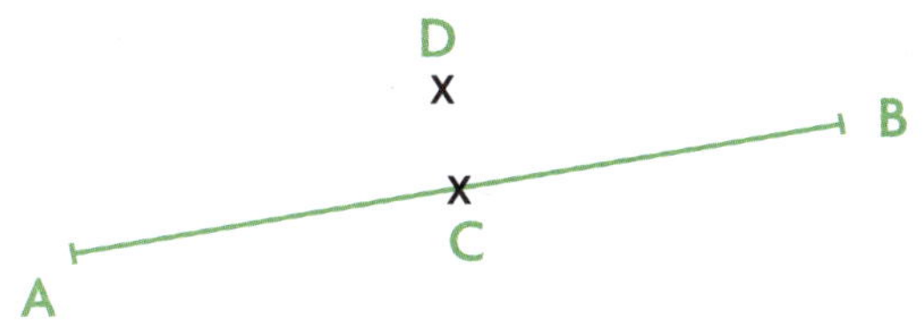

- ☐ La distance du point D au point A est égale à la distance du point D au point B.
- ☐ Le point D est le milieu du segment AB.
- ☐ La distance du point C au point A est égale à la distance du point C au point B.
- ☐ Le point C est le milieu du segment AB.

B Le périmètre de ce triangle est :

- ☐ 7 cm 5 mm
- ☐ 10 cm
- ☐ 11 cm
- ☐ 7 cm

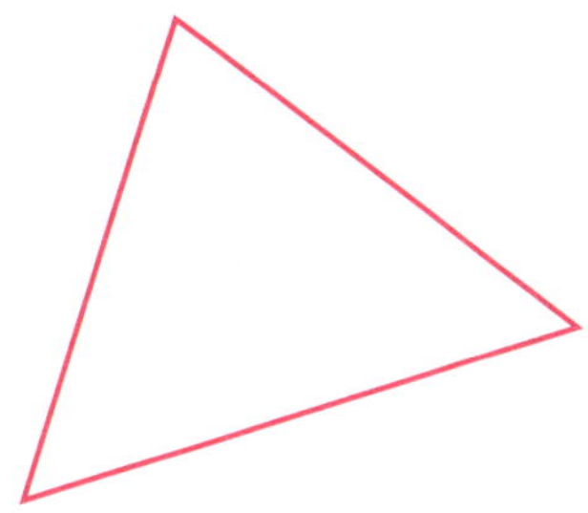

C Pour reproduire le côté rouge à partir de son extrémité déjà placée :

- ☐ on mesure la longueur du côté.
- ☐ on compte le nombre de carreaux traversés par le côté.
- ☐ on place d'abord la deuxième extrémité du côté en suivant un chemin horizontal puis vertical ou l'inverse.

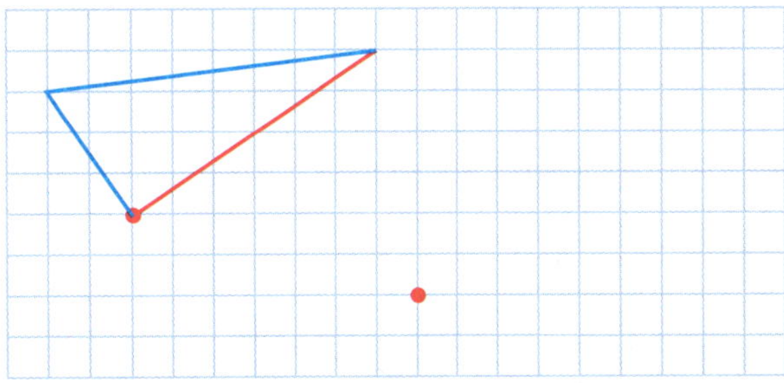

DATE : ....

Je fais le bilan

1 Entoure le point qui est le milieu du segment EG.

p. 33 1 à 3

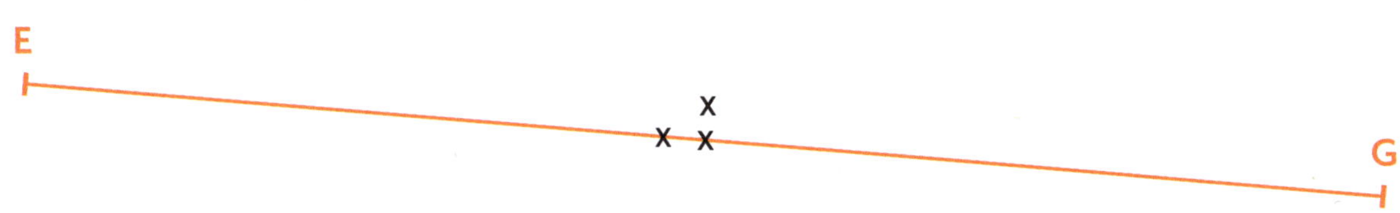

2 **Place** le milieu du segment AB.

3 Une ligne est constituée de deux segments mis bout à bout :
le premier mesure 4 cm 3 mm et le deuxième mesure 2 cm 9 mm. p. 33-34 4 à 6

Quelle est la longueur de la ligne ? Donne ta réponse en cm et mm, puis en mm.

Écris le ou les calculs que tu as faits.

....

4 **Mesure** le côté de ce carré, puis **calcule son périmètre**.
Donne ta réponse en cm et mm, puis en mm.

Le périmètre est ....

5 **Reproduis** le triangle à partir du point déjà placé. p. 34 7

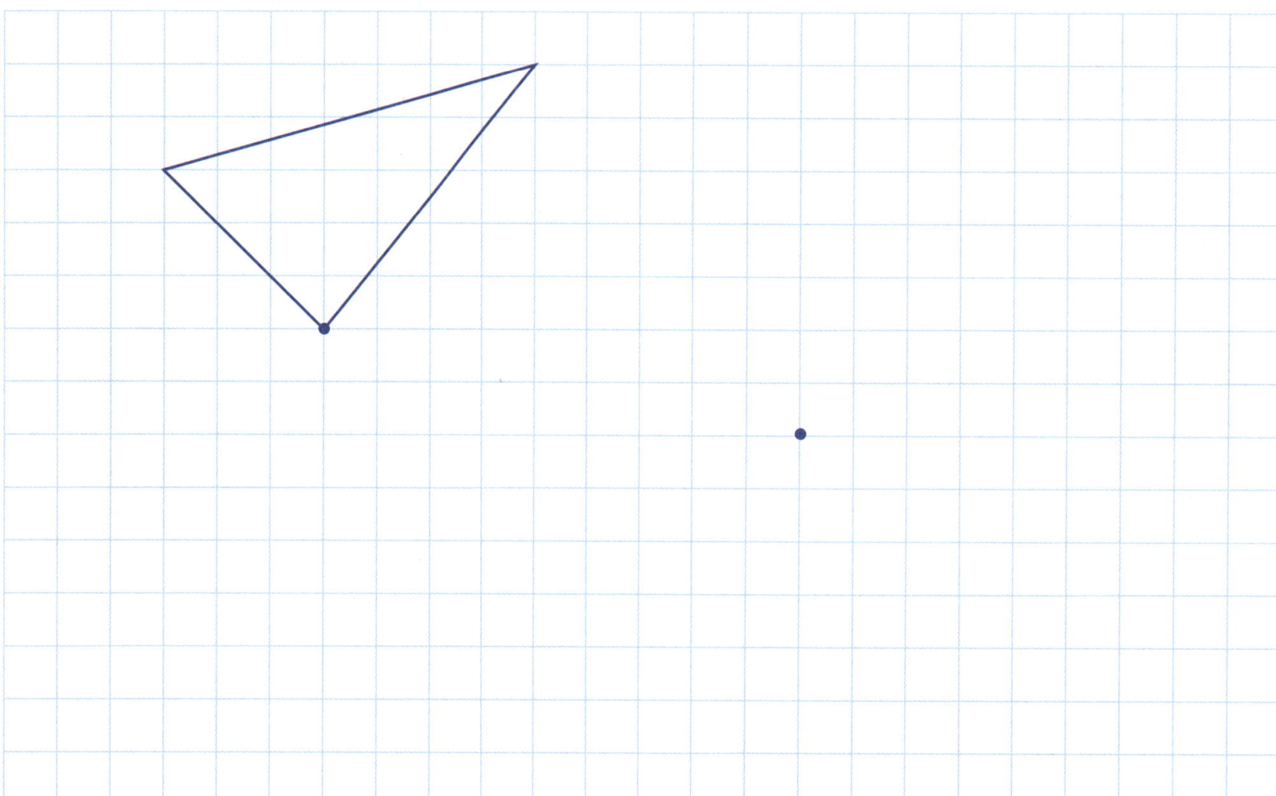

Je consolide mes connaissances

1

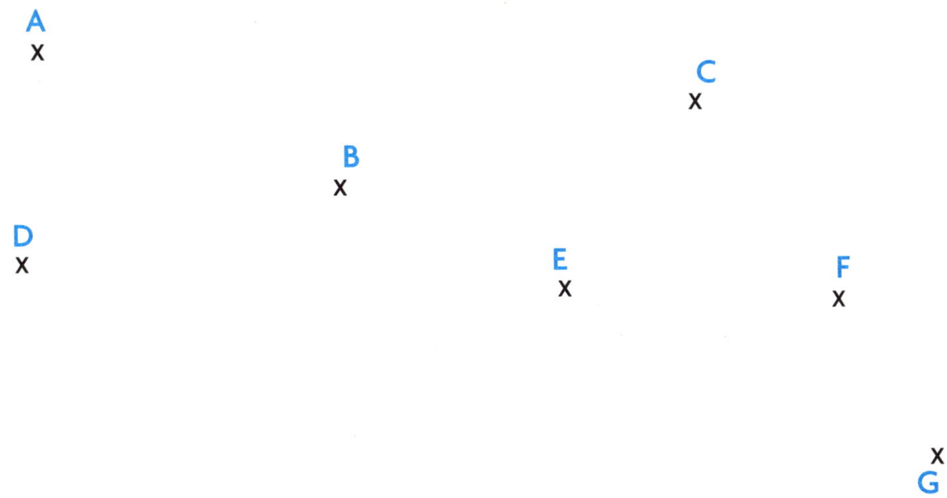

a. **Quels sont les points qui sont alignés ?**
Écris les lettres qui les désignent.

....

b. **Place** trois points qui sont alignés avec les points A et C.

2 **Place le milieu du segment AB.**

3 **Place le point G.**
I doit être le milieu du segment EG.

4 a. **Complète** la ligne a en ajoutant un segment pour qu'elle mesure en tout 8 cm 5 mm.

b. **Complète** la ligne b en ajoutant un segment pour qu'elle mesure en tout 8 cm.

c. **Complète** la ligne c en ajoutant un segment pour qu'elle mesure en tout 95 mm.

5 **Pour chaque phrase, entoure VRAI ou FAUX, puis explique ta réponse.**

Pour construire une ligne de 8 cm 2 mm, on peut placer bout à bout :

a. un segment de 1 cm 4 mm et un segment de 1 cm 4 mm. VRAI FAUX

....

b. un segment de 4 cm 2 mm et un segment de 4 cm. VRAI FAUX

....

c. un segment de 3 cm 6 mm et un segment de 4 cm 6 mm. VRAI FAUX

....

d. un segment de 4 cm 5 mm et un segment de 4 cm 7 mm. VRAI FAUX

....

6 Sur chaque polygone, **écris** la longueur de chaque côté, puis **calcule** le périmètre. Donne tes réponses en cm et mm, puis en mm.

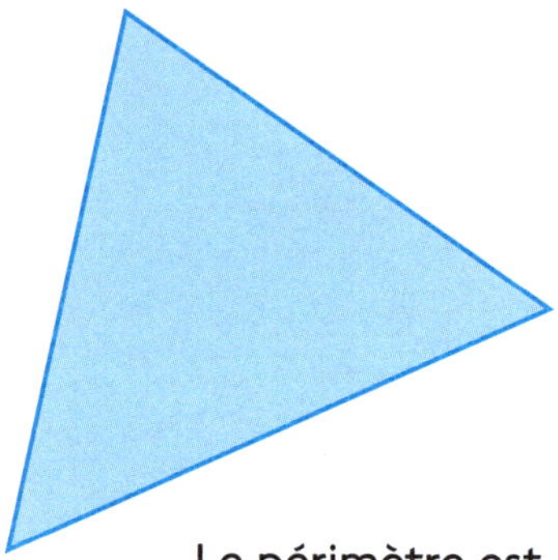

Le périmètre est ....

Le périmètre est ....

7 a. **Reproduis le triangle bleu.** On a déjà placé le sommet bleu.

b. **Reproduis le quadrilatère rouge.** On a déjà placé le sommet rouge.

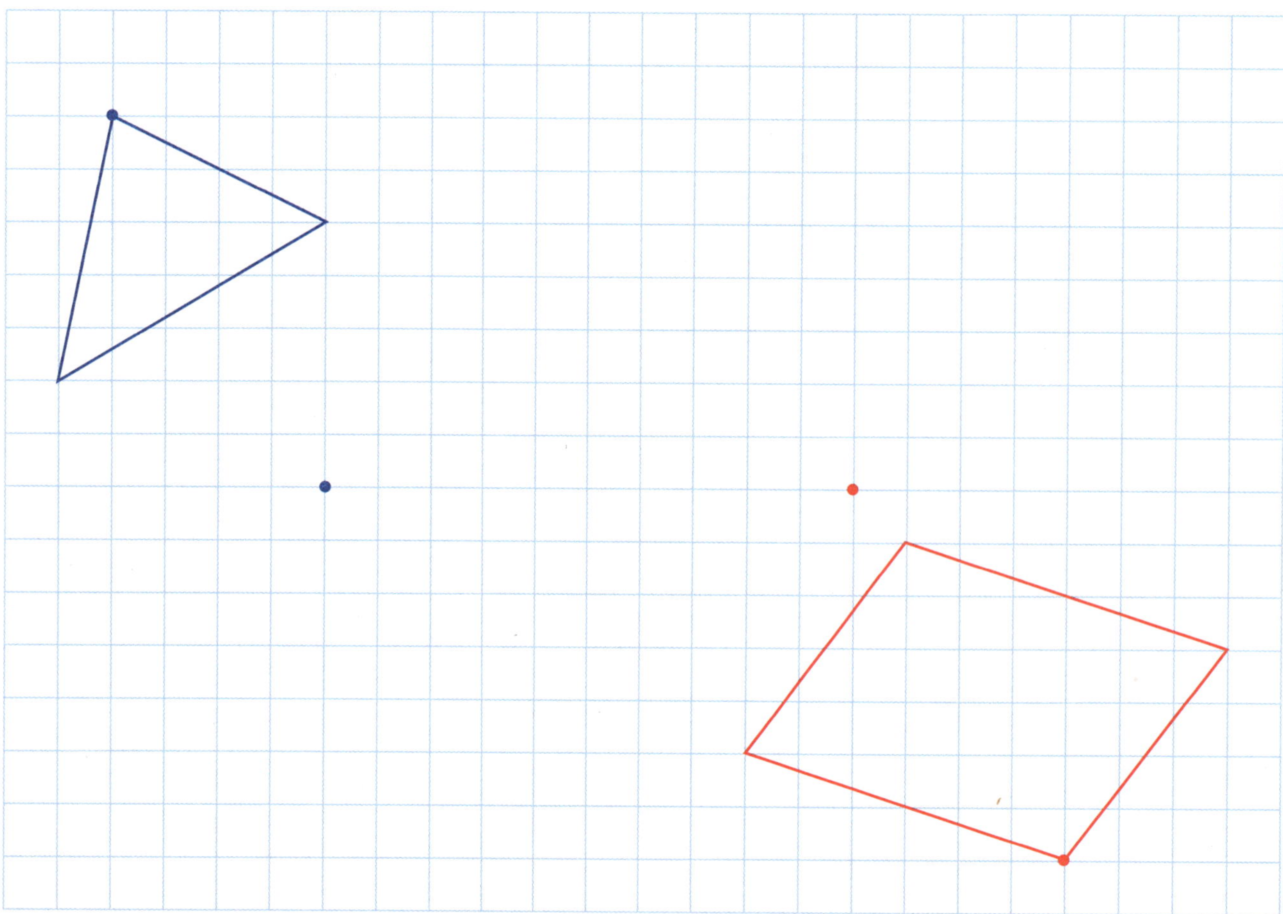

GUIDE ▶ SÉANCE 7			
	ACTIVITÉS	COLLECTIF	INDIVIDUEL
Suite de nombres	Le furet de 9 en 9	✓	✓
Réviser	Tracés avec le compas	✓	A B
Apprendre	Durées en heures et minutes	Recherche	1 à 4 p. 36

DATE : ....

Tracer avec le compas

A **Trace trois cercles en suivant les indications.**

1) Pique la pointe sèche de ton compas sur le point noir.

2) Écarte les branches du compas pour placer la mine du crayon sur le **point bleu**, puis trace le cercle.

3) Place la mine du crayon sur le **point rouge**, puis trace le cercle.

4) Place la mine du crayon sur le **point vert**, puis trace le cercle.

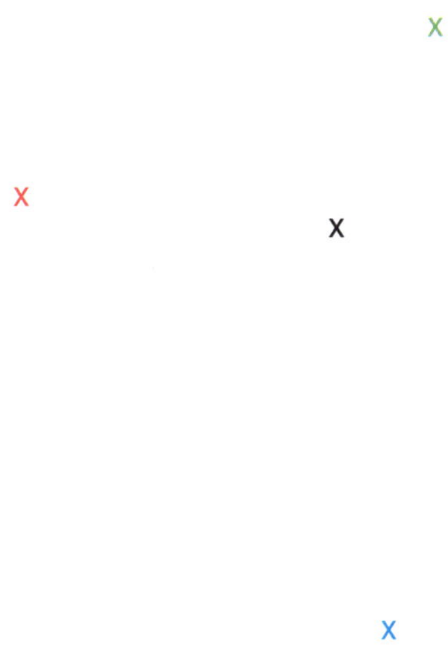

B **Trace deux cercles.**

a. **Cercle 1** Son centre est le **point violet** et le **cercle vert** doit être tout entier à l'intérieur.

b. **Cercle 2** Son centre est le **point rose** et il doit couper le cercle 1.

DICO 42•43

Calculer des horaires ou des durées

CAP MATHS TV

10 h 15	**TV-Moustik** *Le magazine des enfants*
10 h 30	**L'Ogre et la Souris** *Dessin animé*
11 h 05	**Les animaux de la Savane** *Documentaire*
12 h 00	**Éclipse** *Jeu*
12 h 30	**Infos Écoles** *Les infos des écoles*
13 h 00	**Cap Journal** *Les informations nationales*
13 h 40	**La Fée Lisa** *Feuilleton TV*
15 h 00	**Deux enfants au pays des maths** *Film d'aventure*
16 h 30	**Cap Sport** *Les informations sportives*
17 h 10	**Cap Livres** *Les nouveautés chez votre libraire*
17 h 25	**Top 10** *Les nouveautés de la chanson*
17 h 40	**Nouvelles techniques** *Documentaire*
18 h 15	**Gribouille : le retour** *Feuilleton TV*
19 h 25	**Chansons du soir** *Divertissement*
20 h 00	**Cap Journal** *Les informations nationales*
20 h 40	**Météo** *Le bulletin météorologique*
20 h 50	**Les Trois Mousquetaires** *Le grand film du soir*
22 h 30	**Basketball** *Finale du championnat d'Europe*

1 **Quelles sont les durées des émissions :**

- *L'Ogre et la Souris* ? ....
- *Les animaux de la Savane* ? ....
- *Top 10* ? ....

2 Sam a le droit de regarder la télévision pendant une heure, le soir.
Peut-il regarder l'émission *Chansons du soir* ?
Entoure la bonne réponse :

OUI NON

Explique ta réponse : ....
....
....
....

3 Le match de basketball dure 1 heure 10 minutes.
À quelle heure se termine-t-il ? ....

4 **Quelle est la durée du film *Les trois Mousquetaires* ?**

....

GUIDE ▶ SÉANCE 8			
	ACTIVITÉS	COLLECTIF	INDIVIDUEL
Calcul mental	Ajout, retrait de dizaines, de centaines	✓	✓
Réviser	Carrés, rectangles, triangles rectangles dans une figure complexe		A
Apprendre	Cercle	Recherche	1 2 p. 38

DATE : ....

Trouver des carrés, rectangles, triangles rectangles

A Place :

a. une croix verte dans chaque triangle rectangle.

b. une croix rouge dans chaque carré.

c. une croix bleue dans chaque rectangle.

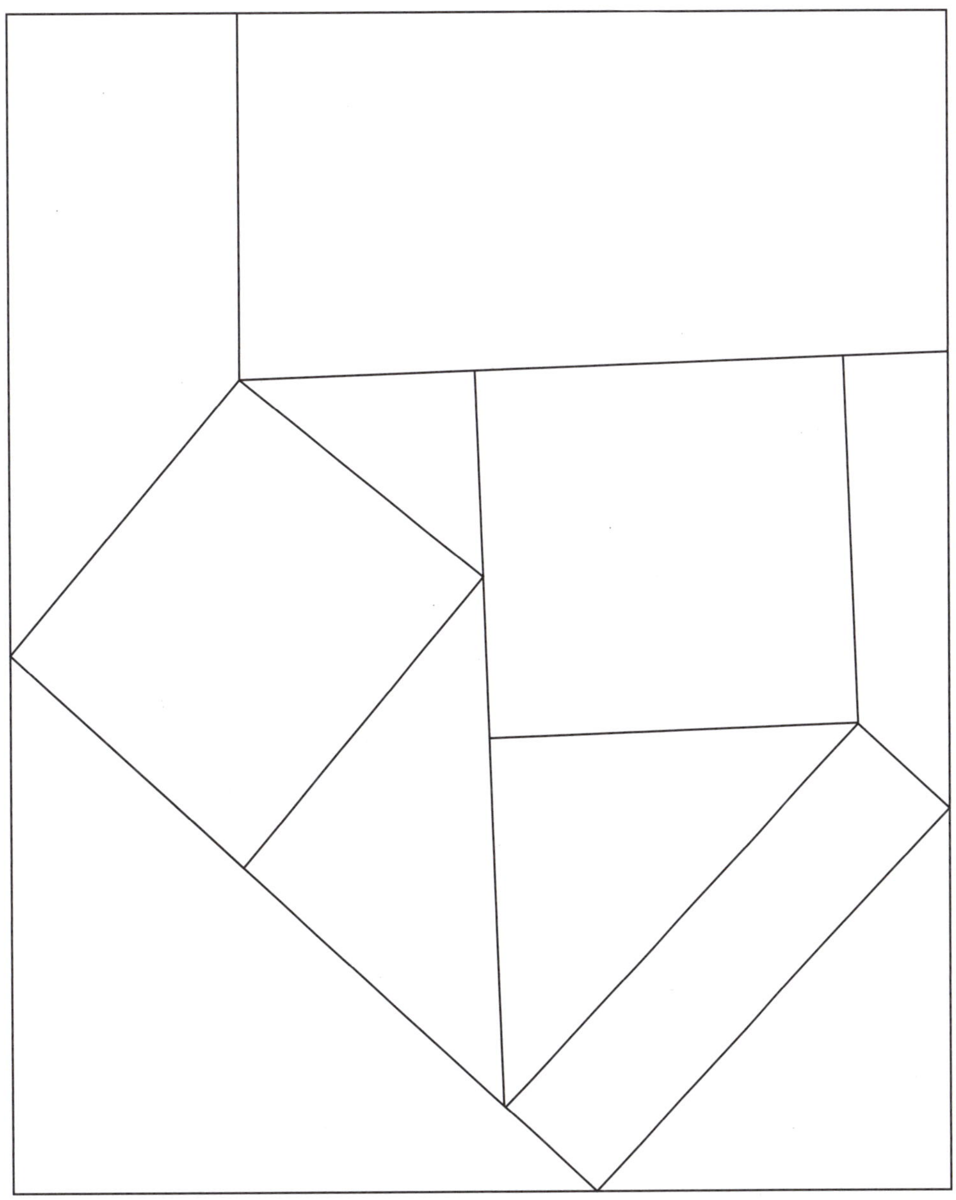

Tracer des cercles

1 On a commencé à tracer des cercles. **Termine les tracés.**

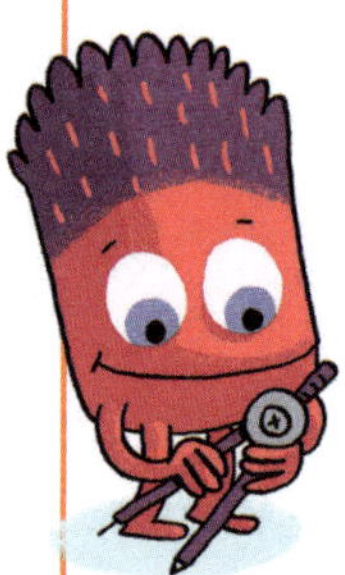

2 a. Avec ton compas, **trace en traits pleins** les arcs de cercle dessinés en pointillés.

b. **Continue la frise** en respectant la règle utilisée pour tracer les deux premiers arcs de cercle.

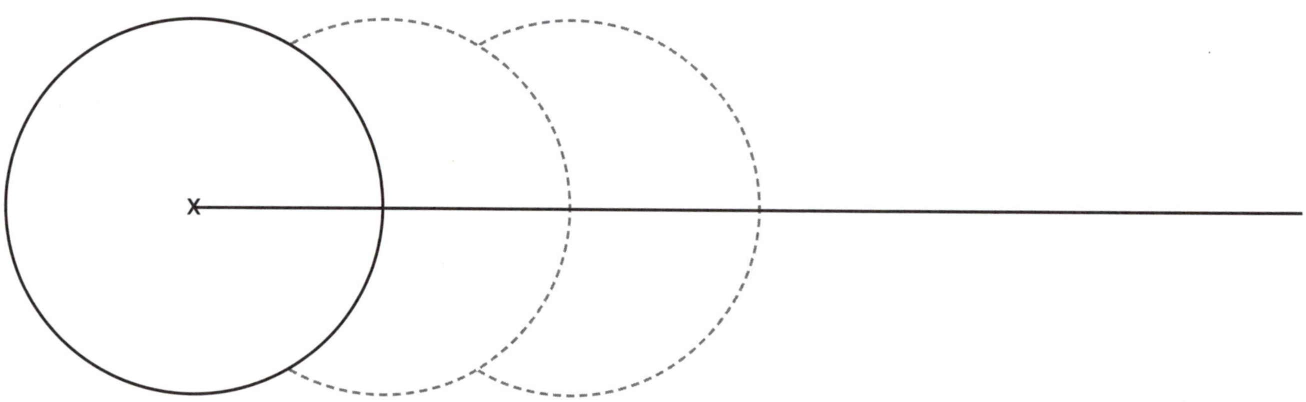

GUIDE ▶ SÉANCE 9	ACTIVITÉS	COLLECTIF	INDIVIDUEL
Calcul mental	Ajout, retrait de dizaines, de centaines	✓	✓
Réviser	Horaires et durées en heures et minutes	✓	A à C
Apprendre	Cercle	Recherche	1 à 4 p. 39-40

DATE : ....

Calculer des horaires et des durées

A a. Il est 4 h 30.
Dans combien de temps sera-t-il 5 h ?

....

b. Il est 9 h 15.
Dans combien de temps sera-t-il 10 h ?

....

c. Il est 18 h 40.
Dans combien de temps sera-t-il 19 h ?

....

B Le cours de dessin de Sam commence à 18 h 20 et se termine à 19 h 30.
Combien de temps dure-t-il ?

....

C L'entrainement de pingpong de Lou commence à 13 h 20 et dure 40 minutes.
À quelle heure se termine-t-il ?

....

DICO 54•55

Reproduire, construire et décrire un cercle

1 **Quelles descriptions correspondent à ce cercle ?**
Entoure-les.

A Le cercle a pour centre O et passe par le point E.

B Le cercle a pour centre E et pour rayon 3 cm.

C Le cercle a pour centre O et son rayon est 3 cm.

D O est le centre du cercle et le diamètre du cercle est 6 cm.

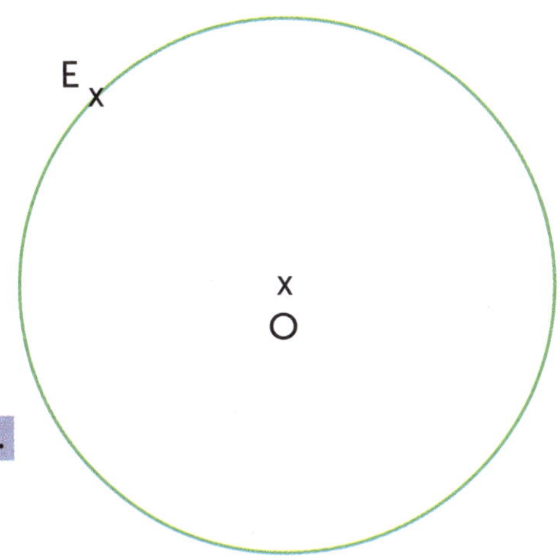

2 **Écris une description de ce cercle :**

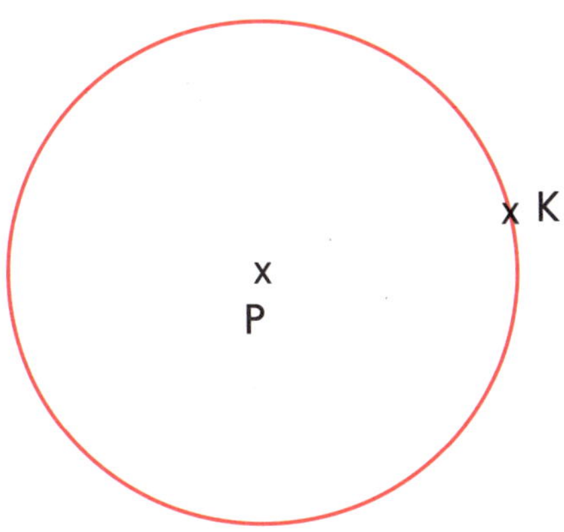

a. avec une mesure de longueur.

....

....

....

....

....

b. sans mesure de longueur.

....

....

....

....

....

3 On a construit un carré ABCD.

Complète la figure en traçant :

a. le cercle de centre A et qui passe par le point B.

b. le cercle de centre B et de rayon de 3 cm.

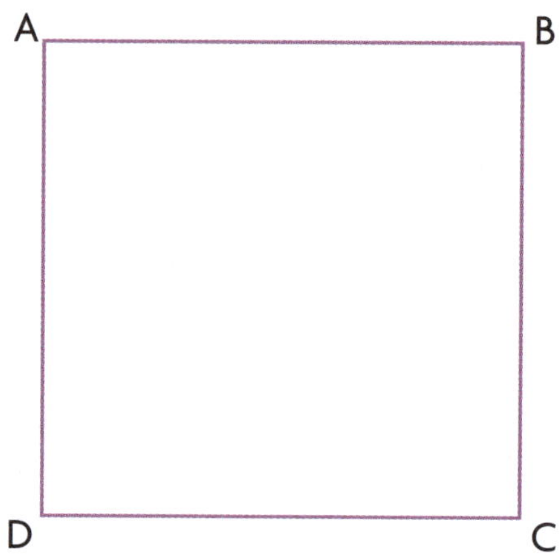

4 On a commencé à reproduire la figure bleue. **Termine.**

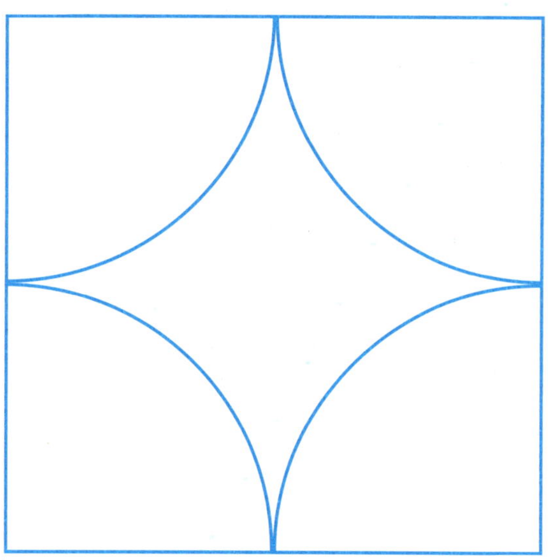

Cap Maths CE2 • Planche A : gabarits d’angles droits

Cap Maths CE2 • Planche B : règles cassées

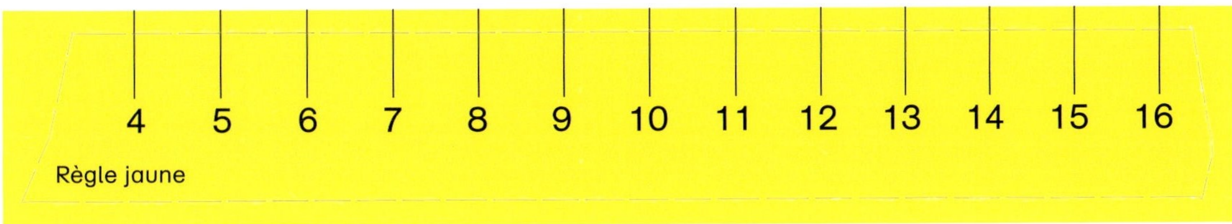

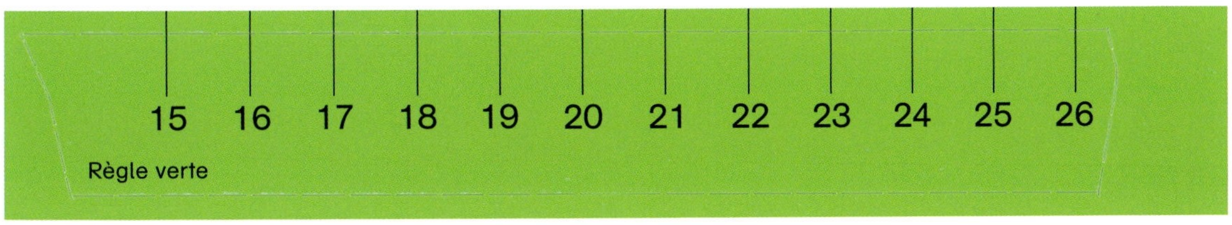

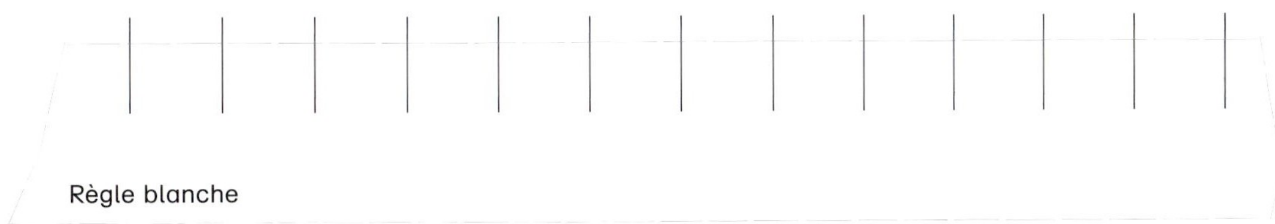

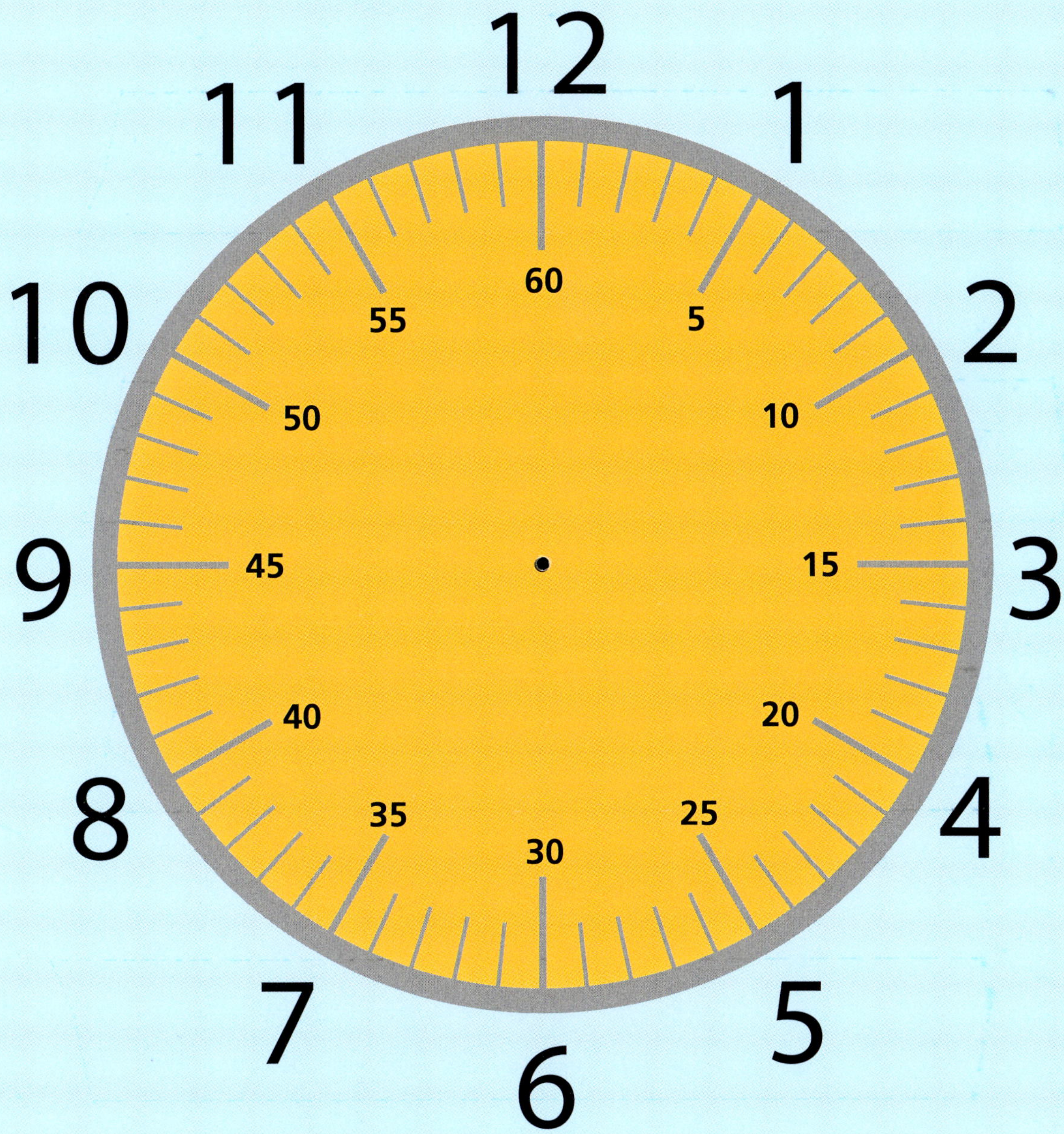
12
1
2
3
4
5
6
7
8
9
10
11
60
5
10
15
20
25
30
35
40
45
50
55

Cap Maths CE2 • Planche D : figures surperposables (recto-verso)

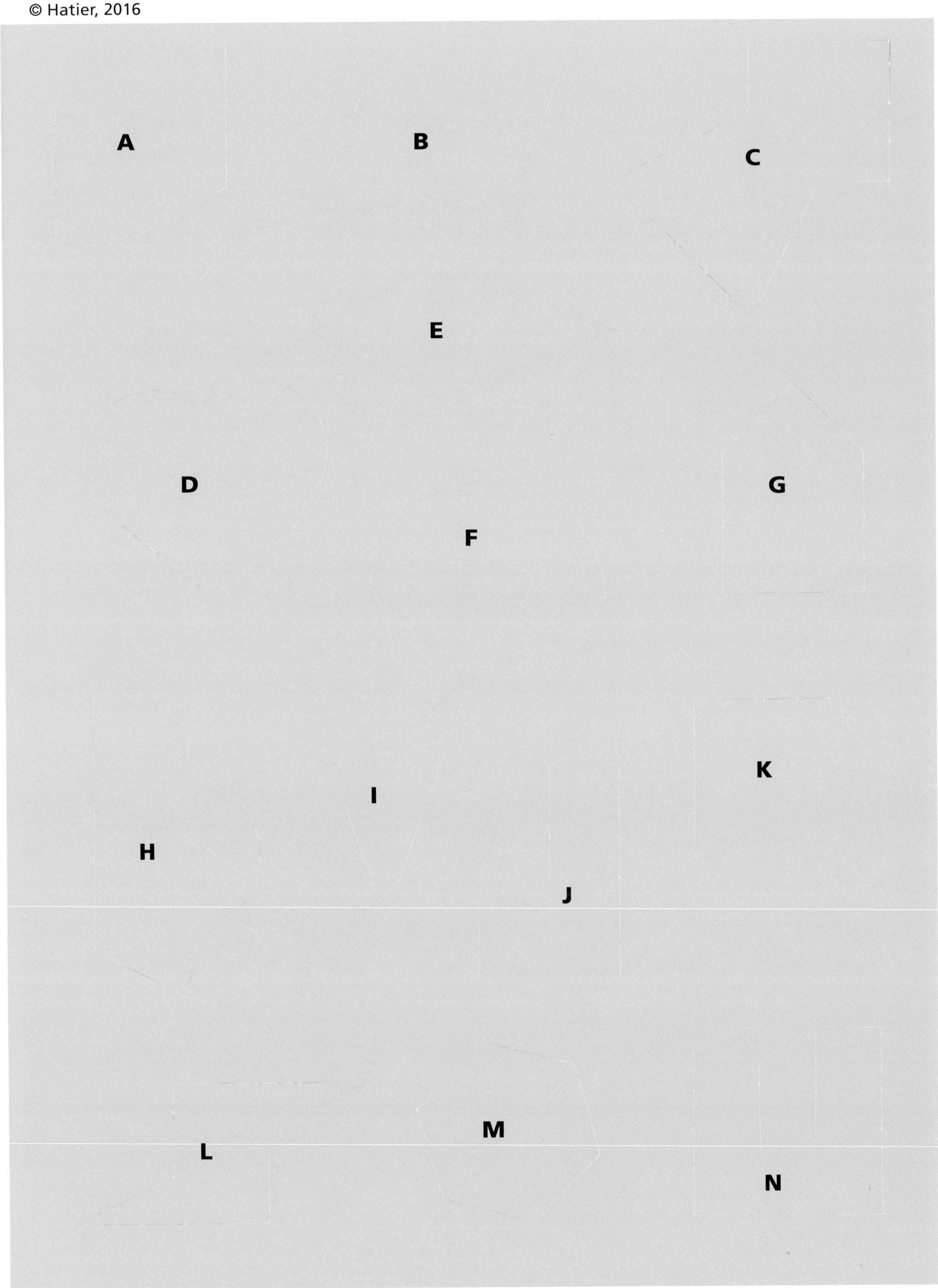

C
B
A
E
G
D
F
K
I
J
H
N
M
L

GUIDE ▶ BILAN	PRÉPARATION	BILAN	CONSOLIDATION
Horaires et durées en heures et minutes	A	Exercices 1 et 2	1 à 7 p. 43
Cercle	B	Exercices 3 et 4	8 à 10 p. 44

Je prépare le bilan QCM

Coche la ou les bonnes réponses s'il y en a plusieurs.

A **La durée du dessin animé *L'Ogre et la Souris* est :**

- ☐ 1 heure
- ☐ 30 minutes
- ☐ 35 minutes
- ☐ 1 heure et 25 minutes

10 h 30	L'Ogre et la Souris *Dessin animé*
11 h 05	**Les animaux de la Savane** *Documentaire*

○ ○

B **Les phrases exactes sont :**

- ☐ Le cercle a pour centre B.
- ☐ Le cercle passe par le point B.
- ☐ Le diamètre du cercle est 2 cm.
- ☐ Le rayon du cercle est 2 cm.

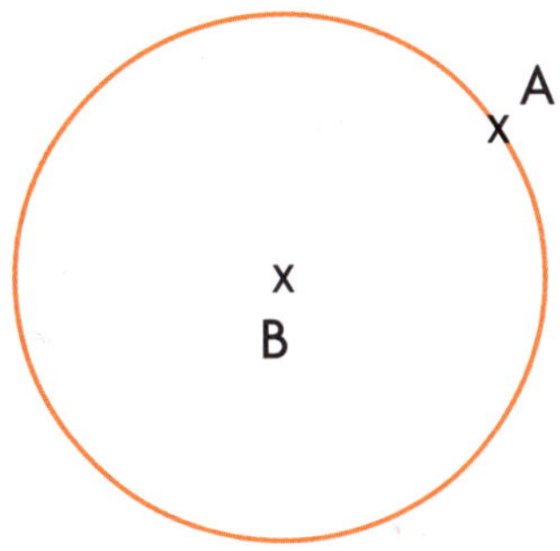

○ ○

DATE : ....

Je fais le bilan

1 L'émission préférée de Lou commence à

et se termine à

p. 43 1 à 7

Combien de temps dure l'émission préférée de Lou ?

Écris ta réponse en minutes : ....

2 Sam fait de l'athlétisme.
Sa séance d'entrainement commence à 9 h 15 et se termine à 10 h 05.

a. **Combien de temps dure-t-elle ?**

....

b. Il arrive chez lui 15 minutes après la fin de l'entrainement.
À quelle heure arrive-t-il chez lui ?

....

3 **Trace :**

a. le cercle de centre D et qui passe par le point E.

b. le cercle de centre E et de rayon 3 cm.

p. 44 8 à 10

4 a. Je suis le cercle de centre C qui passe par le point B.

Quelle est ma couleur ? ....

b. Je suis le cercle de centre B et de diamètre 4 cm.

Quelle est ma couleur ? ....

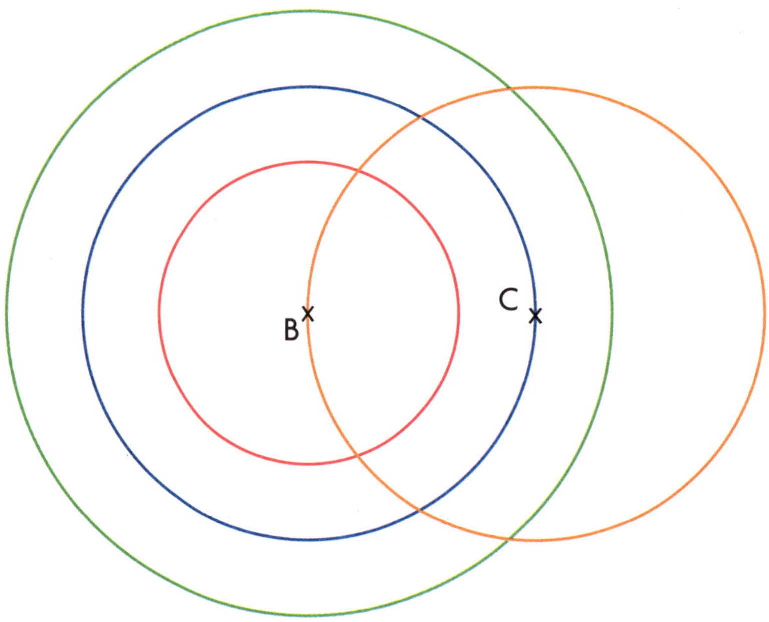

Je consolide mes connaissances

1 C'est l'après-midi. Sous chaque horloge, écris l'horaire correspondant.

a. 

Il est ....

b. 

Il est ....

c. 

Il est ....

2 Dans la classe de Lou, la séance de mathématiques commence à :
et se termine à 10 h.
Combien de temps dure-t-elle ?

....

3 La séance de vocabulaire commence à 10 h 15 et se termine à 10 h 55.
Combien de temps dure-t-elle ?

....

4 La séance de sciences commence à 14 h 15 et se termine à 15 h 05.
Combien de temps dure-t-elle ?

....

5 *Le temps des maths* est une émission diffusée sur Cap Canal, le mardi.
Elle commence à 10 h 05 et se termine à 11 h 20.
Quelle est la durée de l'émission ? Écris ta réponse en heure et minutes.

....

6 L'émission préférée de Pok est *Cap Clip*.
Elle a lieu tous les jours.
Elle commence à 16 h 15 et dure 35 minutes.
À quelle heure se termine-t-elle ?

....

....

7 **Entoure, à chaque fois, la durée la plus grande.**

a. 55 minutes — 25 minutes

b. 55 minutes — 1 heure

c. 55 minutes — 1 heure 10 minutes

d. 1 heure 30 minutes — 1 heure 10 minutes

e. 1 heure 30 minutes — 2 heures

f. 1 heure 30 minutes — 50 minutes

8 **Trace :**

a. le cercle de centre A et de rayon 3 cm.

b. le cercle de centre B qui passe par le point C.

c. le cercle de centre C et de rayon 4 cm.

Pour les exercices 9 et 10, utilise cette figure :

9 **Trouve le cercle qui correspond à chaque description.**

a. Je suis le cercle de centre D et de rayon 2 cm 5 mm.

Ma couleur est ....

b. Je suis le cercle de centre E qui passe par le point G.

Ma couleur est ....

c. Je suis le cercle de centre D et de diamètre 4 cm.

Ma couleur est ....

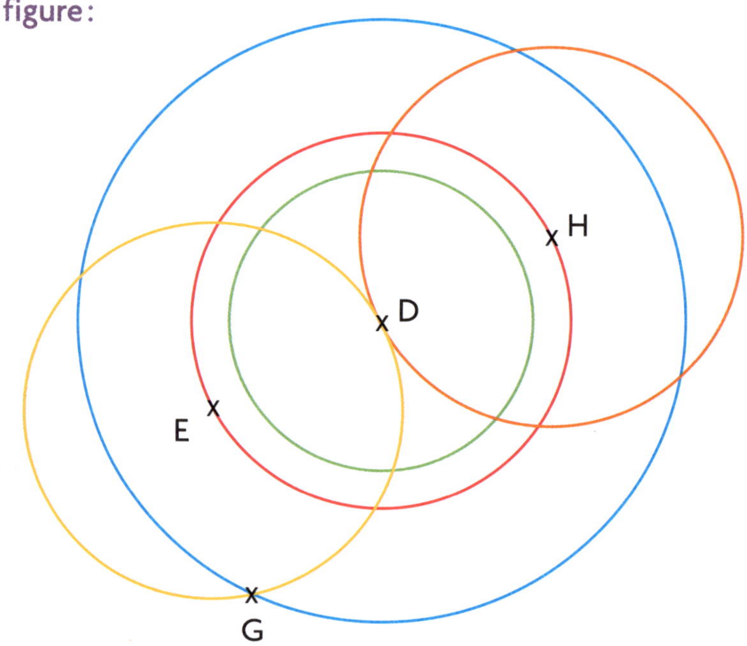

10 **Écris une description du cercle orange.**

....

....

....

DATE : ....

GUIDE ▶ SÉANCE 7			
	ACTIVITÉS	COLLECTIF	INDIVIDUEL
Calcul mental	Table de multiplication de 9	✓	✓
Réviser	Reproduction sur quadrillage		A
Apprendre	Polyèdres : description	Recherche	

Reproduire sur quadrillage

A Reproduis ces deux figures.

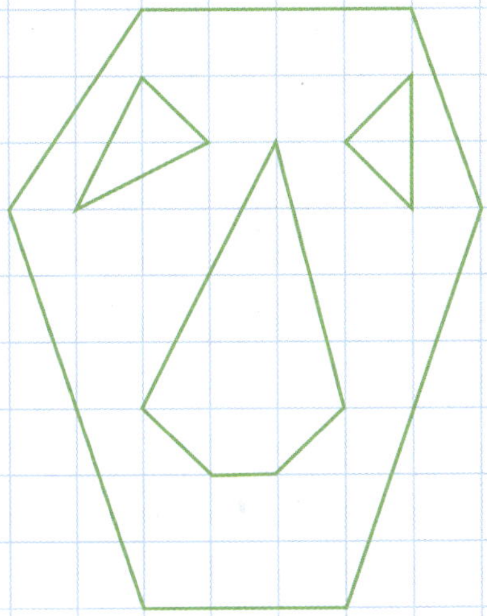

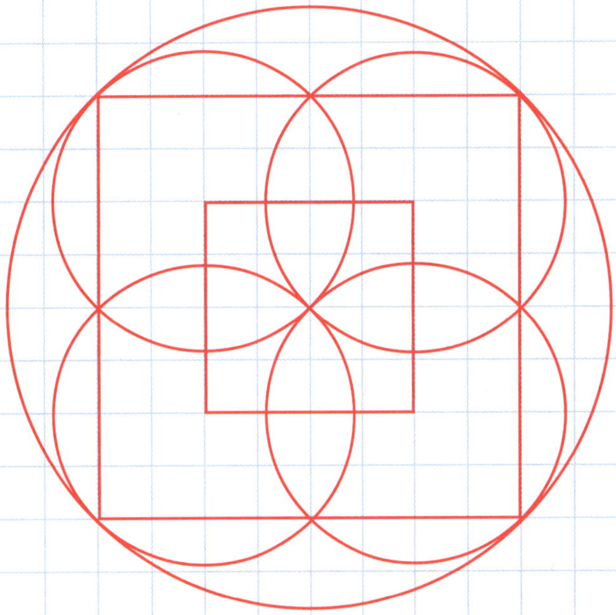

DATE : ....

GUIDE ▶ SÉANCE 8			
	ACTIVITÉS	COLLECTIF	INDIVIDUEL
Calcul mental	Calculs de compléments et soustractions	✓	✓
Réviser	Polyèdres : description	✓	A
Apprendre	Contenances : comparaison et mesure	Recherche	1 à 4

Décrire des polyèdres

A **Relie** chaque description au polyèdre qui lui correspond.

J'ai 5 sommets et mes faces ne sont pas toutes de la même forme.

Toutes mes faces sont identiques et j'ai le même nombre de faces que de sommets.

Toutes mes faces sont des rectangles.

Cube a

Pyramide b

Pavé droit c

Polyèdre d

Pyramide e

Polyèdre f

Pavé droit i

Polyèdre k

Mes faces sont des rectangles et des carrés.

J'ai 6 faces identiques et j'ai 12 arêtes.

J'ai deux faces qui sont des carrés, mais pas de même taille.

DICO 38 Comparer des contenances

1 **Entoure** le récipient qui a la plus grande contenance, puis **explique ta réponse**.

a.

....

b.

....

2 **Relie** les étiquettes qui correspondent aux mêmes contenances.

20 cL   150 cL   2 L

2 dL   200 cL   1 L 50 cL

3 **Entoure** les contenances plus grandes que 1 litre.

75 cL   150 cL   20 dL

4 cL   3 dL   5 L

4 On remplit une bouteille de 25 cL avec de l'eau.
Combien de fois doit-on verser le contenu de la bouteille de 25 cL dans une carafe de 1 L pour la remplir ?

....

GUIDE ▶ SÉANCE 9			
	ACTIVITÉS	COLLECTIF	INDIVIDUEL
Calcul mental	Calculs de compléments et soustractions	✓	✓
Réviser	Contenances	✓	A B
Apprendre	Polyèdres : reproduction, construction	Recherche	1

DATE : ....

Calculer des contenances

A Dans une tasse, on peut verser 1 dL de café.
Combien de tasses peut-on remplir avec un pot de 1 L de café ?

....
....
....

B Un « magnum » est une bouteille qui a la même contenance que 2 bouteilles de 75 cL.
Quelle est la contenance d'un magnum ?
Donne ta réponse en L et cL.

....
....
....

DICO 58

Reconnaitre des patrons d'un cube

1 **Entoure** les assemblages qui sont des patrons d'un cube.

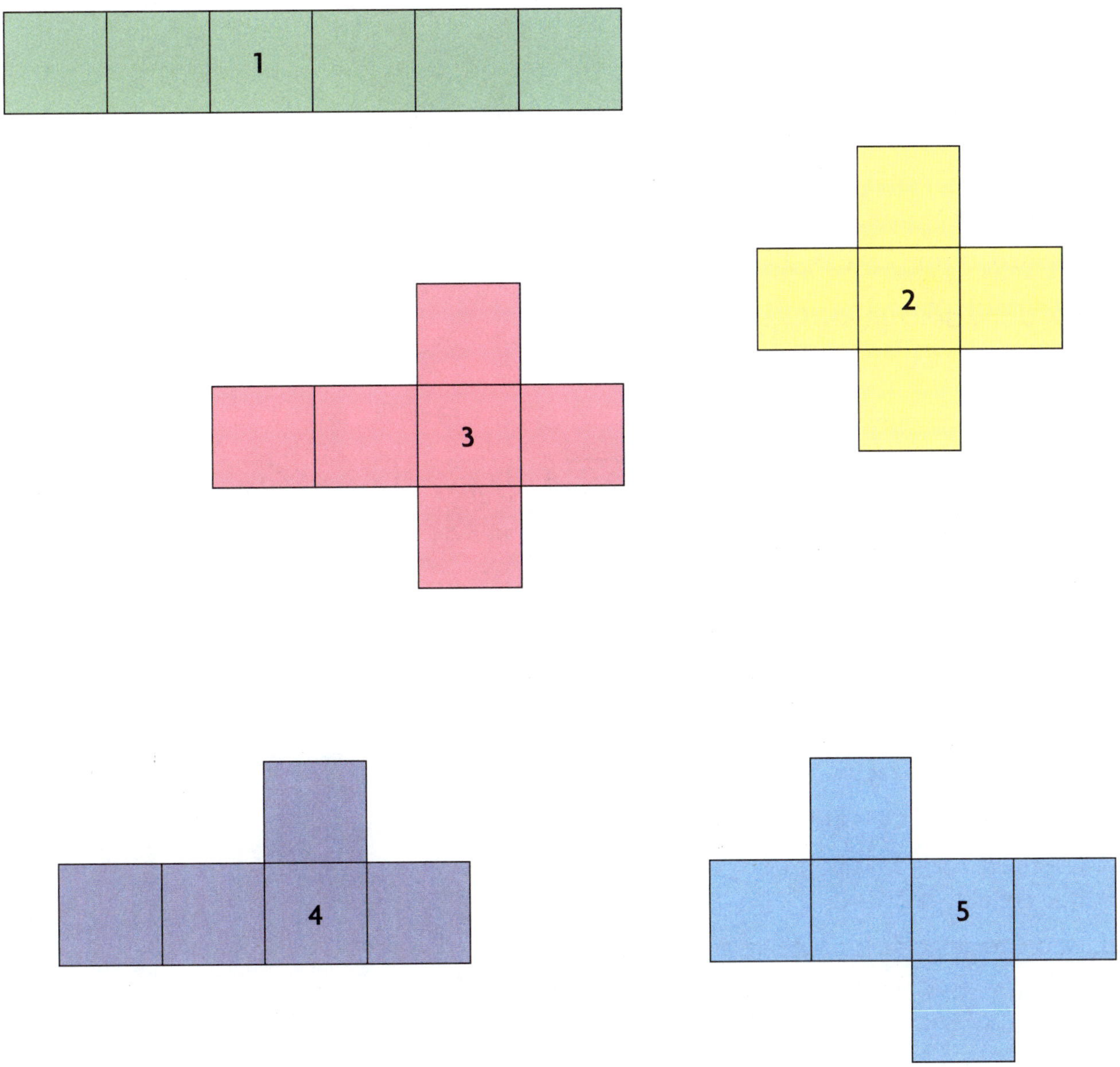

GUIDE ▶ BILAN	PRÉPARATION	BILAN	CONSOLIDATION
Polyèdres : description	A	Exercices 1 et 2	1 et 2 p. 50
Polyèdres : construction, reproduction	B	Exercices 3 et 4	3 p. 51
Contenances	C	Exercice 5	4 à 8 p. 51

Je prépare le bilan QCM

Coche la ou les bonnes réponses s'il y en a plusieurs.

Pour les QCM A et B, utilise les polyèdres que tu as devant toi :

(a)
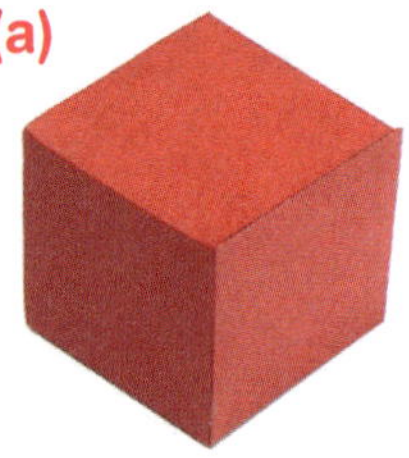

(b)

(c)

(d)

(e)

(f)
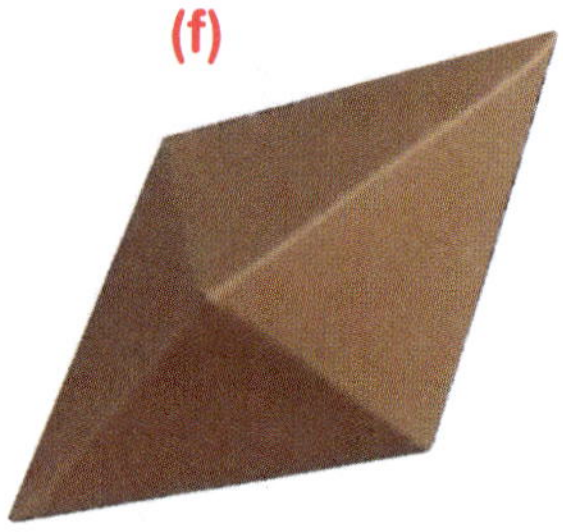

(i)

(k)

A

- J'ai 5 sommets.
- Mes faces n'ont pas toutes la même forme.

Il s'agit d'une description du polyèdre :

☐ (a) ☐ (b) ☐ (c) ☐ (d)

○ ○

B

En utilisant tous ces polygones ou seulement certains d'entre eux, tu peux construire le polyèdre :

☐ (a) ☐ (b) ☐ (d) ☐ (e)

○ ○

C **Les affirmations exactes sont :**

☐ La contenance de la brique est de 100 cL.

☐ La contenance de la bouteille est plus grande que celle de la brique.

☐ La contenance de la bouteille est de 50 litres.

☐ La contenance de la brique est le double de celle de la bouteille.

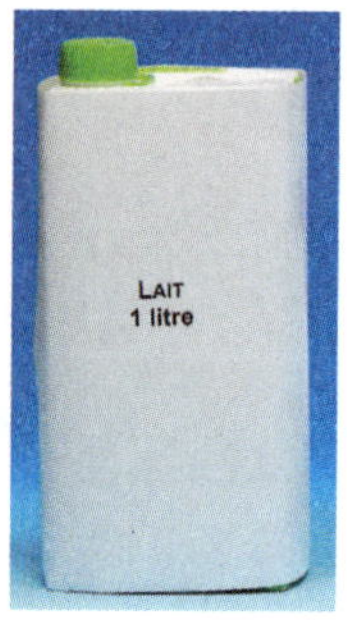

Brique

Bouteille

○ ○

DATE : ....

Je fais le bilan

1 Tu as devant toi les mêmes polyèdres que pour les **QCM** A et B. p. 50 1 et 2

Trouve le polyèdre qui correspond à chaque description.

a. J'ai 5 faces et 6 sommets. Je suis ....

b. J'ai 5 sommets et des faces de deux formes différentes. Je suis ....

2 Voici des affirmations sur le pavé droit (c) :

A Toutes mes faces sont des rectangles.

....

B J'ai 10 sommets.

....

C J'ai 12 arêtes.

....

D J'ai 3 faces.

....

Souligne la ou les affirmations exactes, puis corrige celles qui sont fausses.

3 Avec ces polygones, **peux-tu construire un pavé droit comme le pavé** (i) ? p. 51 3

OUI NON

Si NON, explique pourquoi :

....

....

4

Cet assemblage de carrés est-il un patron d'un cube ?

OUI NON

Si NON, explique pourquoi :

....

....

....

5 p. 51 4 à 8

1 L | 2 L | 1 dL | 1 L 20 cL

120 cL | 10 cL | 100 cL | 20 cL

a. **Relie les étiquettes qui correspondent aux mêmes contenances.**
Attention, certaines étiquettes ne peuvent être reliées à aucune autre.

b. Parmi les étiquettes, **trouve** :

- la plus petite contenance : ....
- la plus grande contenance : ....

Je consolide mes connaissances

Dans les exercices 1 à 3, utilise les polyèdres que tu as devant toi :

(a)

(b)

(c)

(d)

(e)

(f)

(i)

(k)

1 **De quel polyèdre s'agit-il ?**

a. Mes faces sont des rectangles et des carrés.

Je suis ....

b. Toutes mes faces sont identiques.
Ce ne sont pas des triangles.

Je suis ....

c. J'ai 5 sommets. Mes faces ne sont pas toutes de la même forme.

Je suis ....

d. J'ai 6 arêtes. Je suis ....

e. J'ai 8 sommets.
J'ai des faces de deux formes différentes.
Aucune face n'est un rectangle.

Je suis ....

f. J'ai 5 sommets et 9 arêtes.

Je suis ....

g. J'ai 6 sommets et 9 arêtes.

Je suis ....

h. J'ai 4 sommets. Je suis ....

2 **Relie chaque description au polyèdre qui lui correspond.**
Attention, un polyèdre peut correspondre à plusieurs descriptions ou ne correspondre à aucune description.

Toutes mes faces sont des rectangles.

- Toutes mes faces sont identiques.
- Aucune n'est un carré.

J'ai 5 faces et 6 sommets.

Cube a
Pyramide b
Pavé droit c
Polyèdre d
Pyramide e
Polyèdre f
Pavé droit i
Polyèdre k

- J'ai 9 arêtes.
- J'ai des faces de 2 formes différentes.

J'ai 5 faces et 5 sommets.

J'ai 6 arêtes.

3 Tu vas chercher à construire le plus de polyèdres possibles.
Pour chaque polyèdre, tu peux utiliser tous ou seulement certains des polygones qui sont représentés ci-dessous.

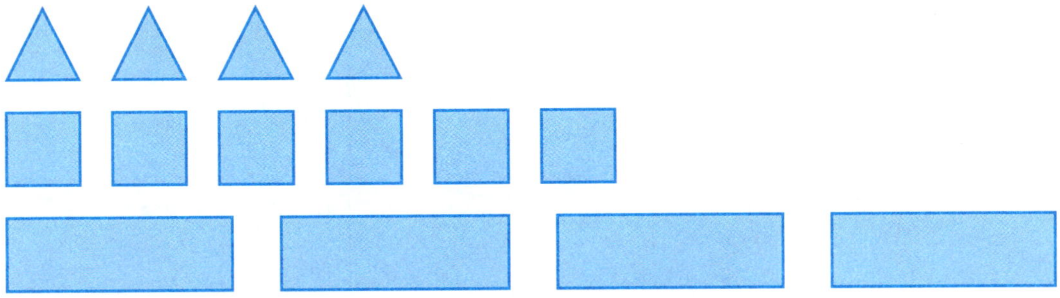

Pour chaque polyèdre que tu as trouvé, complète le tableau.

lettre du polyèdre	nombre de triangles	nombre de carrés	nombre de rectangles

4 Pour chaque étiquette, **entoure la plus grande contenance.**

1 cL 1 dL

1 L 2 dL

100 cL 2 L

500 cL 1 L

5 Lou fait un punch en mélangeant :
10 cL de sucre de canne,
1 L de jus d'orange et 25 cL de jus de citron.
Quelle quantité de punch a-t-elle préparée ?
Donne ta réponse en cL.

....

....

6 Sam a versé 1 dL d'eau dans une bouteille pouvant contenir 1 L.
Quelle quantité d'eau faut-il ajouter pour remplir la bouteille ?
Donne ta réponse en dL, puis en cL.

....

7 Flip a acheté un pack de 6 bouteilles de 50 cL de jus de fruits.
Quelle quantité de jus de fruits a-t-il achetée ?
Donne ta réponse en cL, puis en L.

....

8 **Combien de carafes de 5 dL peut-on remplir avec le contenu d'une bonbonne de 10 L ?**

....

BANQUE DE PROBLÈMES

Carré et demi-cercles...

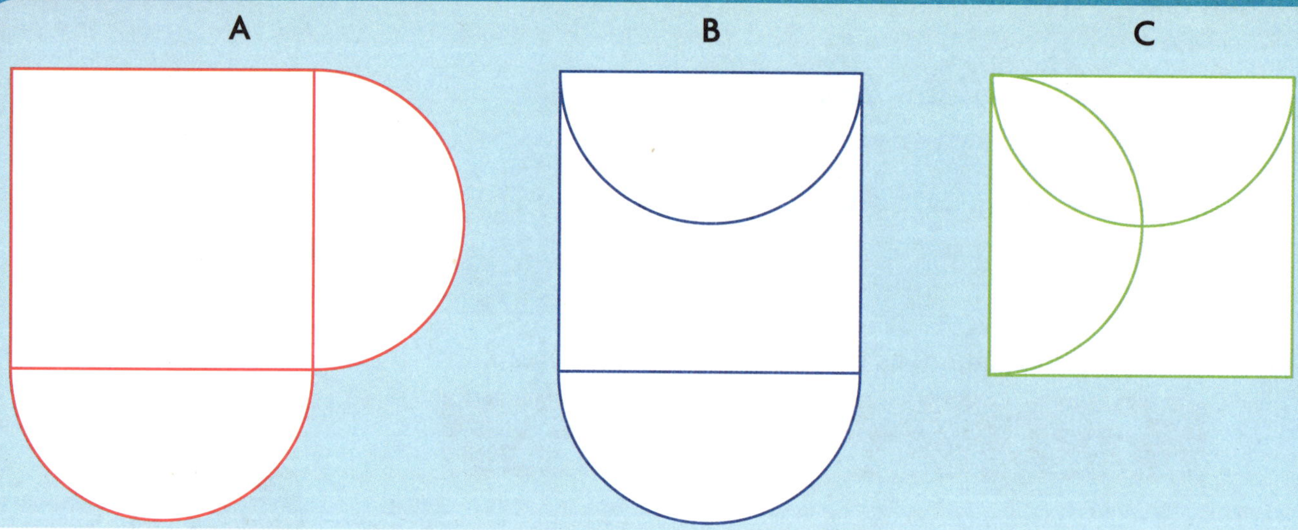

1 Voici la méthode de construction de chaque figure.

Complète-la.

Chacune des figures A, B et C a été obtenue en traçant un ....
et deux demi-cercles. La longueur du côté du .... est ....
Le centre de chaque demi-cercle se trouve au .... d'un côté du ....
Le rayon de chaque demi-cercle est .... cm.

2 **Reproduis les figures A et B sur une feuille de papier quadrillé.**

3 **Reproduis les figures A et C sur une feuille de papier uni.**

4 Avec la méthode de construction décrite dans le problème 1, on peut obtenir d'autres figures, différentes des figures A, B ou C, c'est-à-dire qui ne sont pas superposables aux figures A, B et C.

Construis-en une sur une feuille de papier uni. Appelle-la D.

5 ★ Maintenant, **construis** sur papier quadrillé les deux autres figures, différentes de A, B, C et D, qu'on peut obtenir avec la méthode de construction décrite dans le problème 1.
Ces deux figures doivent être différentes l'une de l'autre.

6 ★ **Essaie de construire le plus de figures différentes avec 1 carré et 4 demi-cercles.**

DATE : ....

GUIDE ▶ SÉANCE 7			
	ACTIVITÉS	COLLECTIF	INDIVIDUEL
Calcul mental	Doubles et moitiés	✓	✓
Réviser	Carrés, rectangles : construction et périmètre		A B
Apprendre	Codage et programmation de déplacements sur un écran	Recherche	

Construire un carré, un rectangle et calculer le périmètre

A a. **Construis un rectangle.**
Sa longueur mesure 12 cm 4 mm et sa largeur 4 cm 5 mm.

b. **Calcule** son périmètre.

....

B a. **Construis** un carré de côté 5 cm 7 mm.

b. **Calcule** son périmètre.

....

GUIDE ▶ SÉANCE 8			
	ACTIVITÉS	COLLECTIF	INDIVIDUEL
Calcul mental	Doubles et moitiés	✓	✓
Réviser	Longueurs : m ; dm ; cm ; mm		A B
Apprendre	Durées en minutes et secondes	Recherche	1 à 3

DATE : ....

Calculer des longueurs

A Complète.

a. 2 m = ... cm
b. 234 cm = ... m .... cm
c. 1 m 5 cm = ... cm
d. 3 dm = ... cm
e. 40 cm = ... mm
f. 45 mm = ... cm .... mm

B Trouve la longueur de la ligne brisée obtenue lorsque Lou met bout à bout deux segments :

a. Le premier segment mesure 38 cm, le deuxième 62 cm.
La ligne mesure ....
b. Le premier segment mesure 1 m 32 cm, le deuxième 84 cm.
La ligne mesure ....
c. Le premier segment mesure 5 cm 4 mm, le deuxième 7 cm 6 mm.
La ligne mesure ....

Calculer et comparer des durées

DICO 42

1 L'équipe du Club Montcap s'entraine au relais 4 × 100 m.
La course de chaque coureur a été chronométrée. Voici leurs temps :

coureur	temps sur 100 m
1er coureur	25 s
2e coureur	23 s
3e coureur	19 s
4e coureur	22 s

a. **Calcule** la durée totale pour l'équipe.
....
b. Le juge a déclenché son chronomètre au début de la course et l'a arrêté à l'arrivée du 4e coureur.
Qu'indique alors son chronomètre ?
....

2 Voici les temps mis par les équipes du relais 4 × 100 m au championnat de printemps :

équipe	temps à l'arrivée
AS Capville	55 s
Cap athlétisme	1 min 5 s
Club Montcap	1 min 20 s
Le cap sportif	59 s
Captour AC	57 s

a. **Quelle est l'équipe gagnante ?**
....
b. **Quel est le classement des équipes ?**
....
....
....
....

3 **Utilise** le tableau de l'exercice 2. **Quel est l'écart de temps :**
a. **entre Captour AC et AS Capville ?** ....
b. **entre Club Montcap et Cap athlétisme ?** ....
c. **entre Cap athlétisme et AS Capville ?** ....

GUIDE ▶ SÉANCE 9			
	ACTIVITÉS	COLLECTIF	INDIVIDUEL
Calcul mental	Doubles et moitiés	✓	✓
Réviser	Figures superposables	✓	A B
Apprendre	Description de figures planes	Recherche	

DATE : ....

Trouver les figures superposables

A **Quelles figures sont superposables à la figure bleue ?** Entoure leurs numéros.

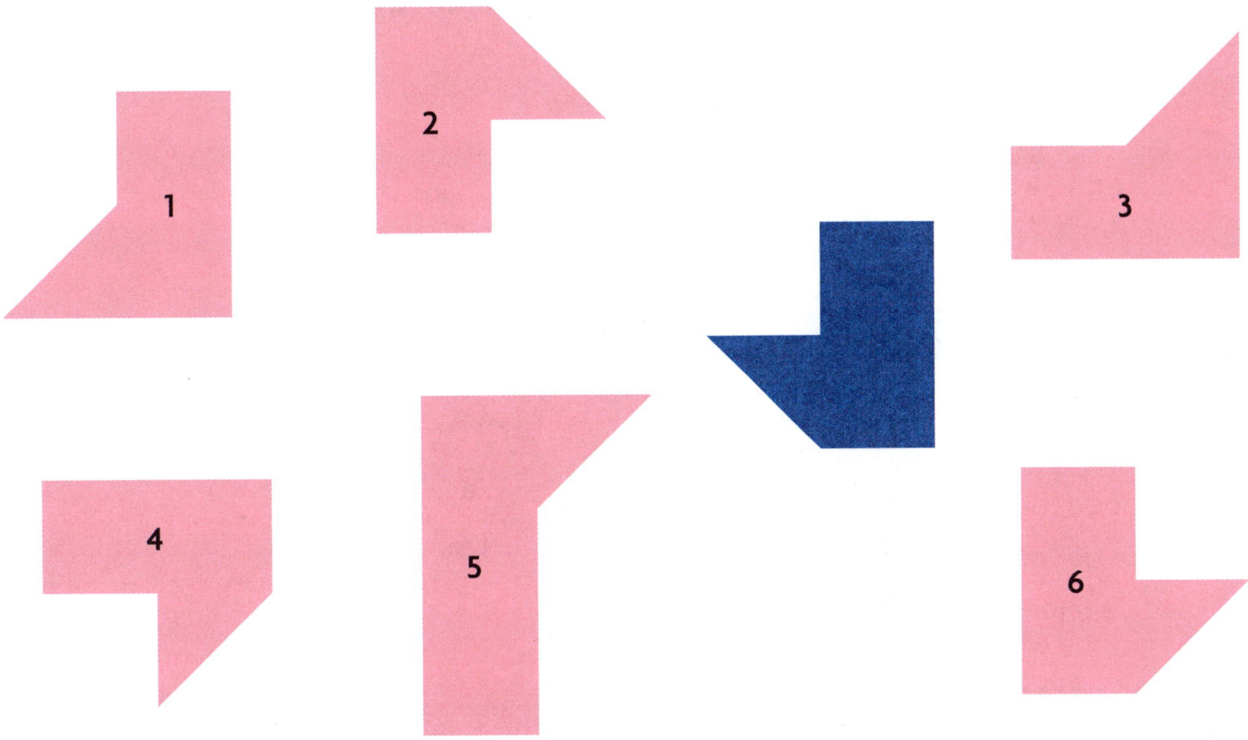

B **Quelles figures sont superposables à la figure verte ?** Entoure leurs numéros.

GUIDE ▶ BILAN	PRÉPARATION	BILAN	CONSOLIDATION
Carrés, rectangles, triangles rectangles : construction			1 à 3 p. 57
Carrés, rectangles : programmation du tracé	A	Exercice 1	4 et 5 p. 57
Durées en minutes et secondes	B	Exercices 2 et 3	6 à 10 p. 57-58
Description de figures planes			11 à 13 p. 58

Je prépare le bilan QCM

Coche la ou les bonnes réponses s'il y en a plusieurs.

A **Pour tracer à l'écran un rectangle de longueur 160 unités et de largeur 80 unités, je peux programmer :**

- ☐ av 160 ; av 80 ; av 160 ; av 80
- ☐ av 160 ; td 90 ; av 80 ; td 90 ; av 160 ; td 90 ; av 80
- ☐ rep 2 [av 160 ; td 90 ; av 80]
- ☐ rep 2 [av 160 ; td 90 ; av 80 ; td 90]

B Voici, dans le tableau, les temps que Sam et Lou ont réalisés dans une course.

Les phrases exactes sont :

- ☐ Le temps de Lou est le plus court.
- ☐ Le temps de Sam est le plus court.
- ☐ Le temps de Lou est de 60 secondes.
- ☐ L'écart de temps entre Lou et Sam est de 5 secondes.

élèves	temps
Sam	55 s
Lou	1 min

DATE : ....

Je fais le bilan

1 **Programme** la construction à l'écran d'un carré de 60 unités de côté.

....

....

....

p. 57 4 et 5

2 Voici les affichages successifs d'un chronomètre. **Complète.**

00 : 56	00 : 57	00 : 58	.... :	.... :	.... :	01 : 02

p. 57-58 6 à 10

3 Voici, dans ce tableau, les temps mis sur une course de 400 m.

a. **Qui est arrivé en premier ?** ....

Explique : ....

b. **Quel est l'écart de temps :**

- **entre Morgane et Lili ?** ....

Explique : ....

- **entre Nanie et Lili ?** ....

Explique : ....

coureurs	temps
Lili	60 s
Nanie	1 min
Morgane	57 s
Lola	1 min 10 s

Je consolide mes connaissances

Pour les exercices 1 à 3, tu dois faire les constructions sur une feuille de papier blanc.

1 **Construis un triangle rectangle.**
Un côté de l'angle droit mesure 10 cm 4 mm et l'autre côté 5 cm 2 mm.

2 **Construis un carré de 6 cm 2 mm de côté.**

3 **Construis un rectangle.**
Sa largeur mesure 4 cm 8 mm et sa longueur 9 cm 5 mm.

4 **Programme** la construction à l'écran d'un carré de 85 unités de côté.

5 **Programme** la construction à l'écran d'un rectangle de longueur 130 unités et de largeur 40 unités.

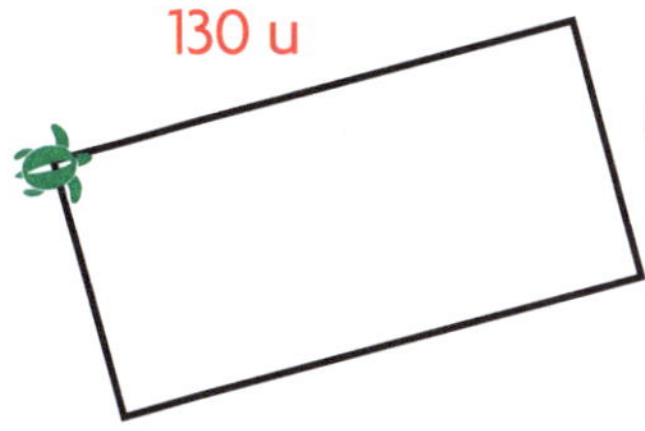

6 a. **Complète le tableau.**

coureur	temps	chronomètre à l'arrivée
Antoine	59 s	00 : 59
Fred	61 s	01 : 01
Walid		01 : 10
Toma	60 s	
Luka		00 : 58

b. **Donne le classement des coureurs.**

1er : ....

2e : ....

3e : ....

4e : ....

5e : ....

7 **Utilise** le tableau de l'exercice 6.

a. **Quel est l'écart de temps entre Fred et Antoine ?**

b. **Qui est arrivé 1 s avant Antoine ?**

c. **Qui est arrivé 11 s après Antoine ?**

8 **Colorie** de la même couleur les étiquettes qui expriment la même durée.

70 s	1 min 20 s	1 min 10 s	120 s	2 min	80 s

9 Sam est un bon nageur.
Il calcule son temps pour le 100 m en grand bassin.
Pour nager un 100 m, il faut faire un aller et retour dans la piscine de 50 m de long.
Sur les premiers 50 m, il a mis 32 s et sur le retour 34 s.
Quel est son temps total sur 100 m ? Donne ta réponse en minutes et secondes.

....

10 Une machine fabrique un objet en 15 secondes.

Combien d'objets fabrique-t-elle en 1 minute ? ....

11 a. **Complète.**

La figure E est composée d'un ....
et d'un ....

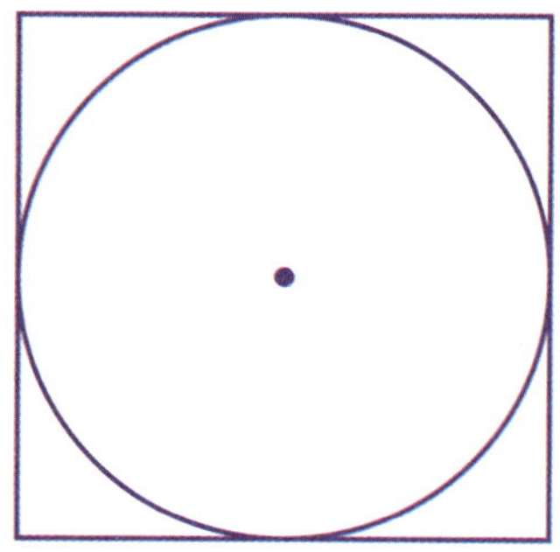

b. **Souligne** la ou les phrases qui permettent de compléter la description de la figure.

- Le cercle est dans le carré.
- Le carré et le cercle se touchent.
- Le carré est à l'intérieur du cercle.

12 a. **Complète.**

La figure A est composée d'un ....
et d'un ....

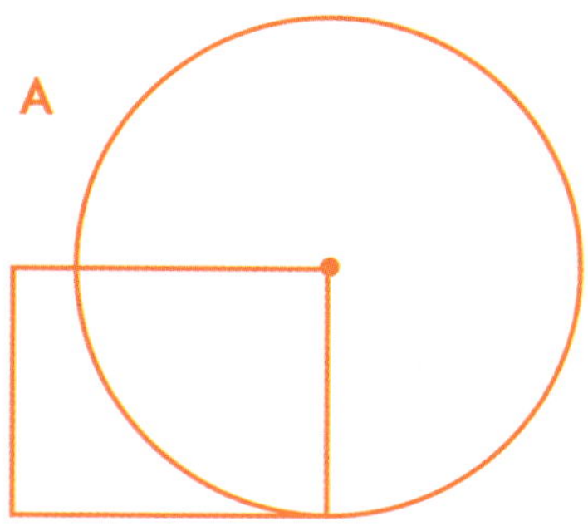

b. **Souligne** la ou les phrases qui permettent de compléter la description de la figure.

- Le cercle passe par un sommet du rectangle.
- Le centre du cercle est un sommet du rectangle.
- Un côté du rectangle est à l'intérieur du cercle.

13

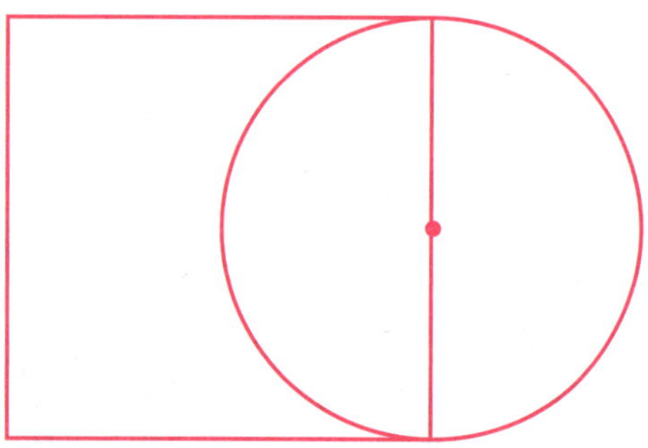

Écris une description de cette figure.

....
....
....
....
....
....

DATE : ....

GUIDE ▶ SÉANCE 7			
	ACTIVITÉS	COLLECTIF	INDIVIDUEL
Suite de nombres	Le furet de 19 en 19	✓	✓
Réviser	Durées en heures, minutes et secondes		A à C
Apprendre	Figure symétrique	Recherche	1

Estimer, convertir, calculer des durées

A **Complète avec l'unité qui convient : h, min ou s.**

a. Durée d'une journée d'école : 6 ....

b. Durée de la récréation : 15 ....

c. Durée d'un jour : 24 ....

d. Durée d'une course de 50 m : 10 ....

e. Durée d'un match de football : 90 ....

f. Durée d'un éternuement : 2 ....

B **Complète.**

a. 1 demi-heure = ... min

b. 3 h = ... min

c. 1 h 20 min = ... min

d. 1 min = ... s

e. 2 min = ... s

f. 1 min 20 s = ... s

C Sam joue sur sa console depuis 17 h 30.
Il est exactement 18 h 12 quand sa maman lui dit : « Ça fait une heure que tu joues ! »
Sa maman a-t-elle raison ? OUI NON
Explique ta réponse : ....

DICO 60 • 61

Rechercher des axes de symétrie d'une figure

1 **Trace les axes de symétrie de chaque figure.**
Une figure peut ne pas avoir d'axe de symétrie, en avoir un ou en avoir plusieurs.

DATE : ....

GUIDE ▶ SÉANCE 8			
	ACTIVITÉS	COLLECTIF	INDIVIDUEL
Calcul mental	Calculs avec les diviseurs de 100	✓	✓
Réviser	Figure symétrique		A
Apprendre	Longueurs en kilomètres et mètres	Recherche	1 2

Compléter une figure par symétrie

A **Complète chaque figure.** La droite rouge doit être un axe de symétrie de la figure.

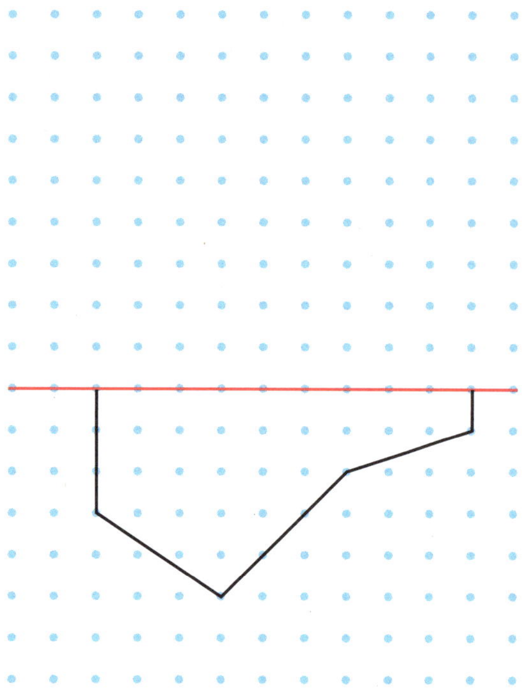

Figure 1

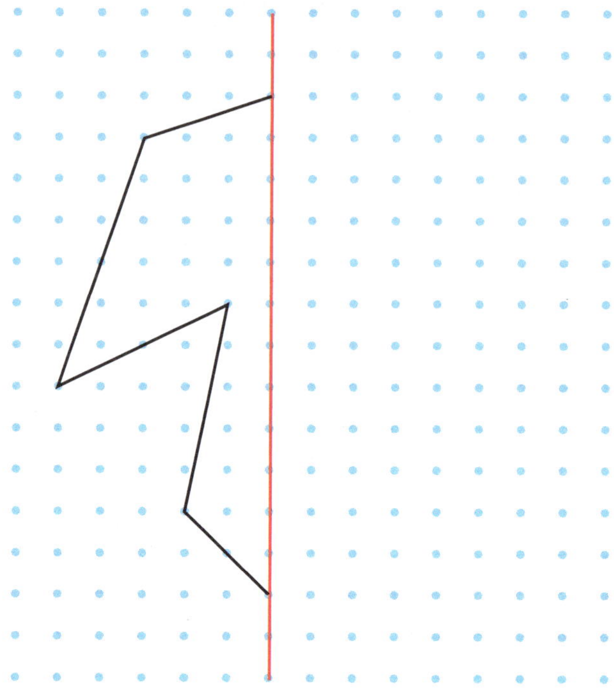

Figure 2

DICO 34 Calculer des distances

1

Pour aller de sa maison à l'école, Lou passe par un grand carrefour.
De sa maison à l'école, il y a 1 km 200 m et du carrefour à l'école, il y a 700 m.
Quelle est la distance entre la maison de Lou et le carrefour ?

....

2 **Complète.**

a. 2 km = ... m

b. 6 000 m = ... km

c. 4 km 550 m = ... m

d. 4 km 55 m = ... m

e. 6 382 m = ... km .... m

f. 4 010 m = ... km .... m

DATE : ....

GUIDE ▶ SÉANCE 9	ACTIVITÉS	COLLECTIF	INDIVIDUEL
Calcul mental	Calculs avec les diviseurs de 100	✓	✓
Réviser	Unités de longueurs		A à C
Apprendre	Figure symétrique	Recherche	1

Calculer et convertir des longueurs

A Lou va de Capterre à Capville à vélo.
La distance entre ces deux villes est de 5 km.
Son pneu crève 1 800 m avant d'arriver à Capville.
Quelle distance a-t-elle parcourue ?
Donne ta réponse en km et m.

....

....

B Une pile de livres est constituée de 80 livres tous identiques.
Un livre a une épaisseur de 15 mm.
Quelle est la hauteur de la pile ? Donne ta réponse en m et cm.

....

C **Complète.**

a. 300 cm = ... m
b. 4 km = ... m
c. 2 000 mm = ... m

d. 30 dm = ... m
e. 3 km 200 m = ... m
f. 2 m = ... cm

g. 50 mm = ... cm
h. 3 m 25 cm = ... cm
i. 1 m 8 cm = ... cm

DICO 60 • 62

Figures superposables

1 Imagine que tu as décalqué chaque figure.
Peux-tu superposer le calque sur la figure après l'avoir retourné ?
Si NON, rectifie la figure pour que ce soit possible.

Figure A

OUI NON

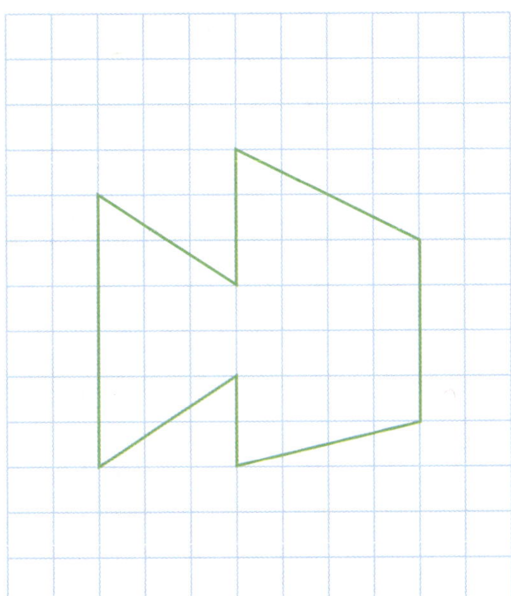

Figure B

OUI NON

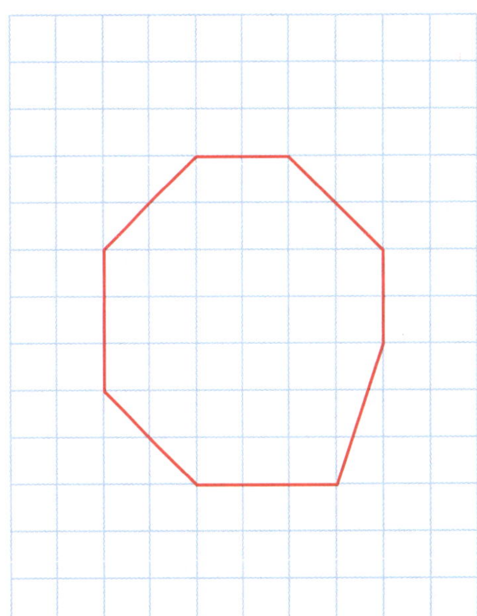

GUIDE ▶ BILAN	PRÉPARATION	BILAN	CONSOLIDATION
Figure symétrique	A	Exercices 1 et 2	1 à 3 p. 64-65
Longueurs en kilomètres et mètres	B	Exercices 3 à 5	4 à 8 p. 65

Je prépare le bilan QCM

Coche la ou les bonnes réponses s'il y en a plusieurs.

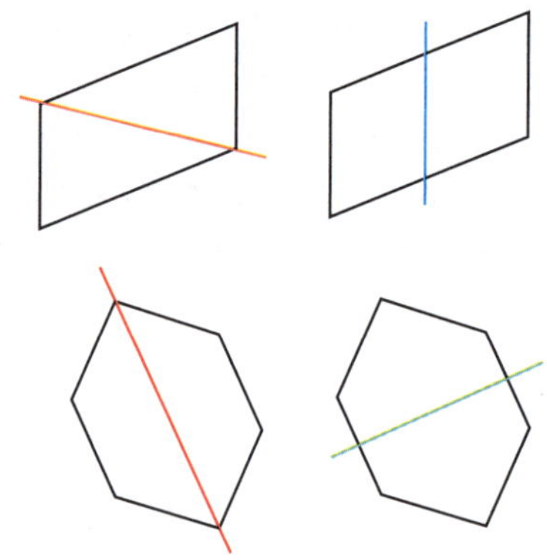

A **Les phrases exactes sont :**

- ☐ La droite orange est un axe de symétrie de la figure.
- ☐ La droite bleue est un axe de symétrie de la figure.
- ☐ La droite rouge est un axe de symétrie de la figure.
- ☐ La droite verte est un axe de symétrie de la figure.

B Sam habite à 700 m de l'école et Pok à 1 km. **Les phrases exactes sont :**

- ☐ Sam habite plus près de l'école que Pok.
- ☐ Pok habite plus près de l'école que Sam.
- ☐ La distance entre la maison de Pok et l'école est de 1000 m.
- ☐ Pok fait 300 m de plus que Sam pour venir à l'école.

DATE : ....

Je fais le bilan

1 **Complète chaque figure.**
La droite rouge doit être un axe de symétrie de la figure.

p. 64-65 1 à 3

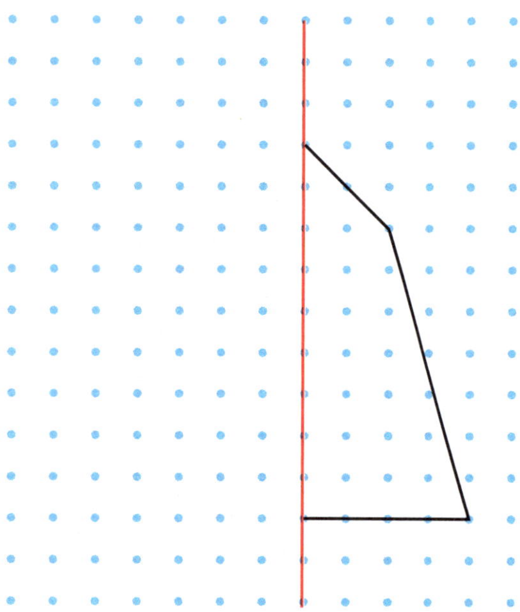

Figure 1

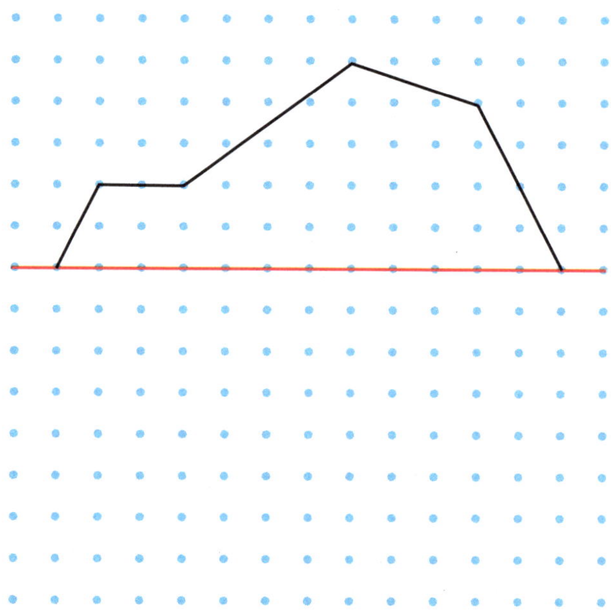

Figure 2

2 **Trace les axes de symétrie de chaque figure.**
Une figure peut avoir un axe de symétrie, en avoir plusieurs ou ne pas en avoir.

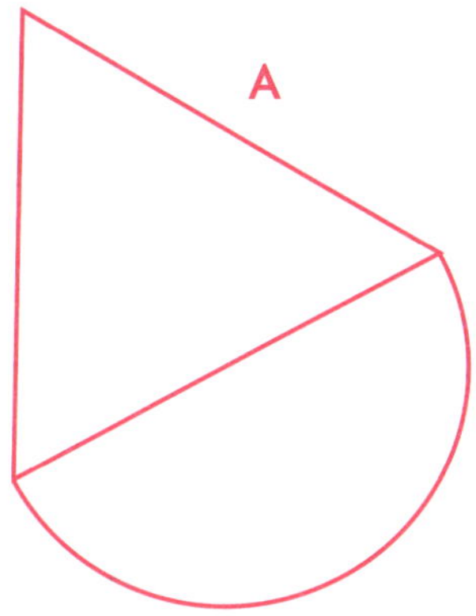

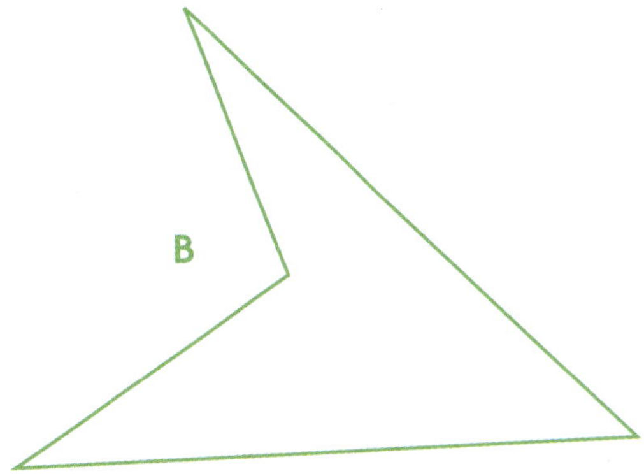

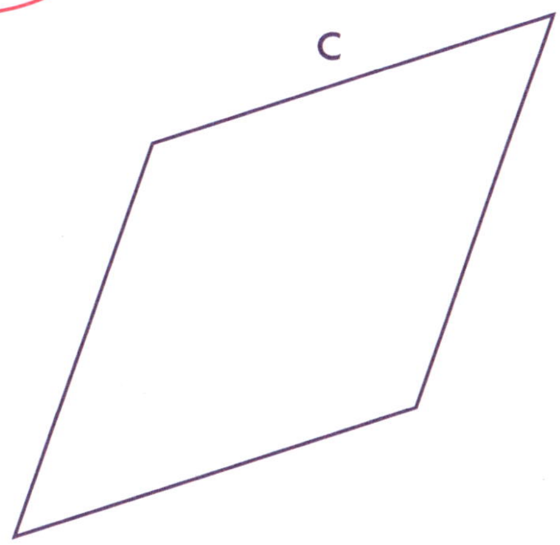

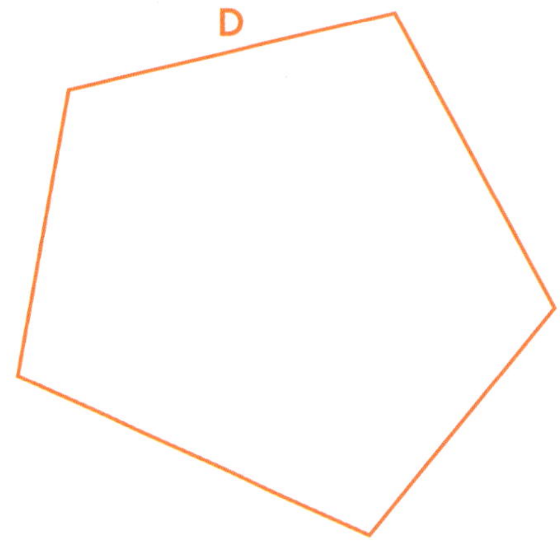

p. 65 4 à 8

3 **Complète.**

a. 1 000 m = ... km
b. 4 000 m = ... km
c. 2 km = ... m
d. 1 km 500 m = ... m
e. 1 km 230 m = ... m
f. 1 km 35 m = ... m

4 **Complète.**

a. 300 m + ... = 1 km
b. 1 km 200 m + 800 m = ... km
c. 2 km 150 m + ... = 3 km
d. 2 km 500 m + 3 km 800 m = ... km .... m

5 Un circuit de course à vélo mesure 1 km 500 m.

a. Lou fait un tour de circuit, elle a déjà parcouru 800 m.
Quelle distance lui reste-t-il à parcourir ?
Donne ta réponse en m.

....

....

b. Sam a fait deux tours de circuit.
Quelle distance a-t-il parcourue ?
Donne ta réponse en km ou en m.

....

....

Je consolide mes connaissances

1 **Trace les axes de symétrie de chaque figure.**
Une figure peut avoir un axe ou plusieurs ou ne pas en avoir.

Écris combien il y en a : A : .... B : .... C : .... D : .... E : ....

2 **Complète chaque figure.** La droite rouge doit être un axe de symétrie de la figure.

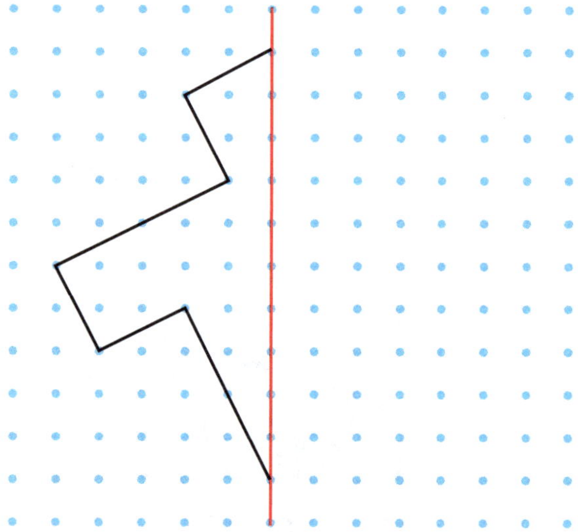

Figure 1

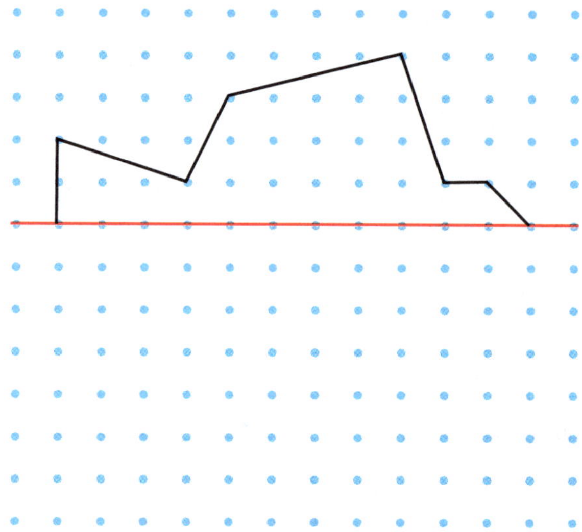

Figure 2

3 **Complète chaque figure.** La droite rouge doit être un axe de symétrie de la figure.

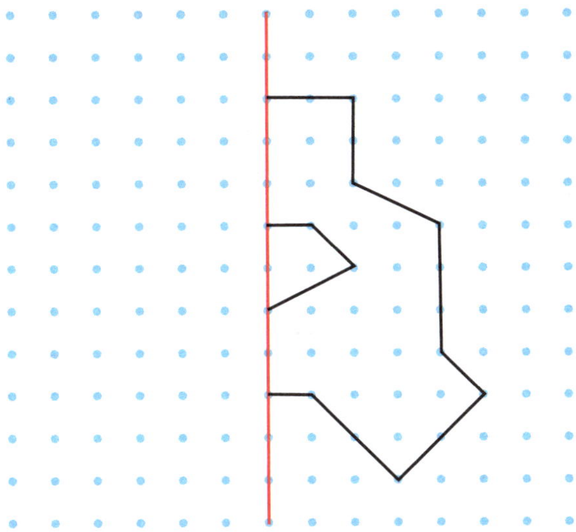

Figure 3

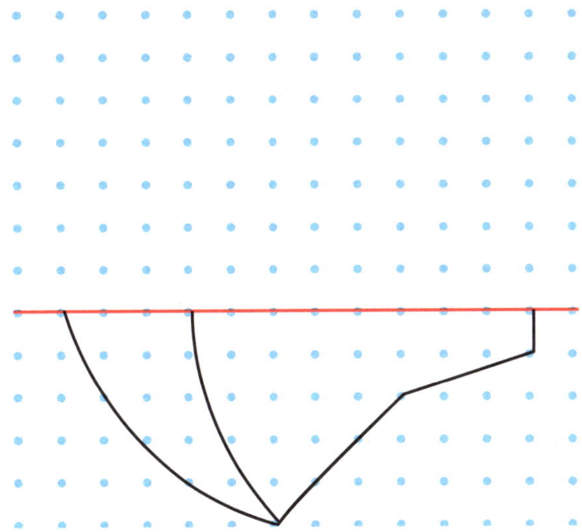

Figure 4

4 **Complète avec l'unité qui convient : km ou m.**

a. La longueur d'un tour de stade est de 400 ....

b. La distance de Lyon à Paris est d'environ 500 ....

c. La hauteur de la Tour Eiffel est de 324 ....

d. Un marathon est une course sur une distance de 42 ....

5 Lou s'entraine pour la course de fond. Elle a fait 5 tours de stade. Le tour fait 400 m.
Quelle distance a-t-elle parcourue ? Donne ta réponse en km.

....

6 Tous les matins, Piaf fait son tour, à vol d'oiseau bien sûr !
550 m pour aller picorer sur la fenêtre du boulanger,
puis 300 m pour aller nettoyer la cour de l'école après l'encas des enfants
et 720 m pour revenir à la maison pour le repas de midi.
Calcule la distance parcourue par Piaf. Donne ta réponse en km et en m.

....

7

Sam habite à 1 km 500 m de l'école.
Lorsqu'il passe devant la boulangerie, il a parcouru 750 m.

Quelle distance lui reste-t-il à parcourir jusqu'à l'école ? ....

8 **Complète.**

a. 4 km 230 m = ... m

b. 2 km 50 m = ... m

c. 1 km 5 m = ... m

d. 8 234 m = ... km .... m

e. 2 080 m = ... km .... m

f. 2 350 m = ... km .... m

GUIDE ▶ SÉANCE 7			
	ACTIVITÉS	COLLECTIF	INDIVIDUEL
Calcul mental	Ajout, retrait de nombres < 100	✓	✓
Réviser	Reproduction de figures		A à C
Apprendre	Lecture d'un plan	Recherche	

DATE : ....

Reproduire des figures

Dans les exercices A à C, termine la reproduction en utilisant uniquement ta règle, mais sans mesurer.

A

Modèle

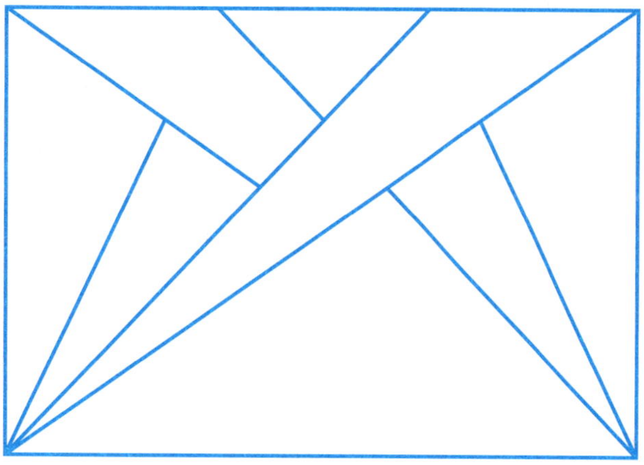

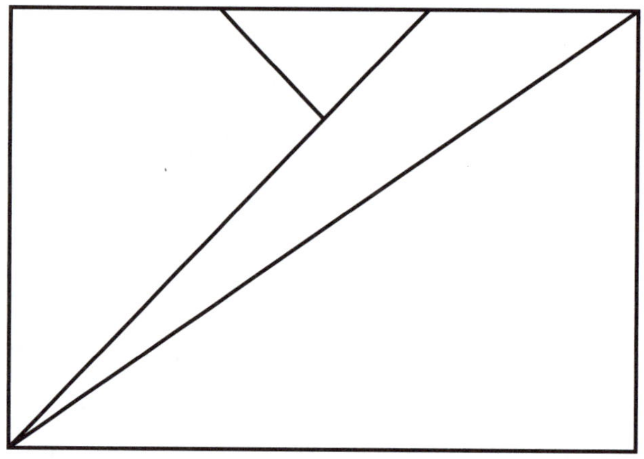

B

Modèle

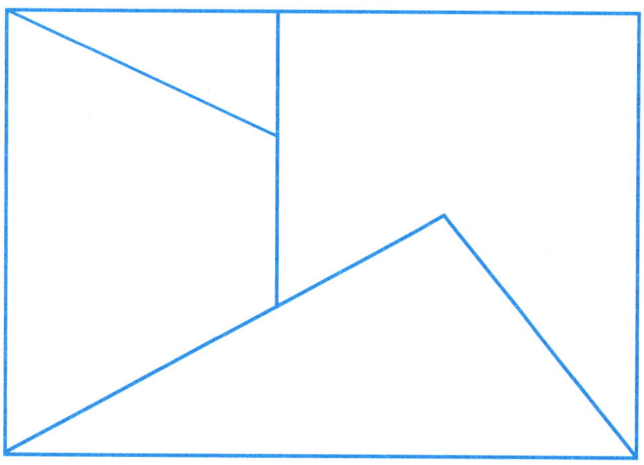

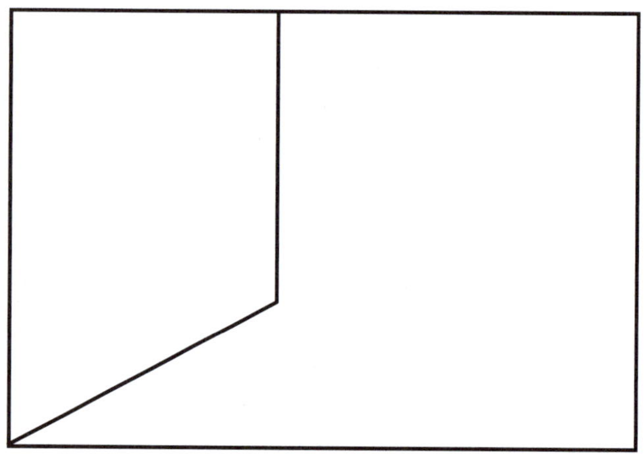

C

Modèle

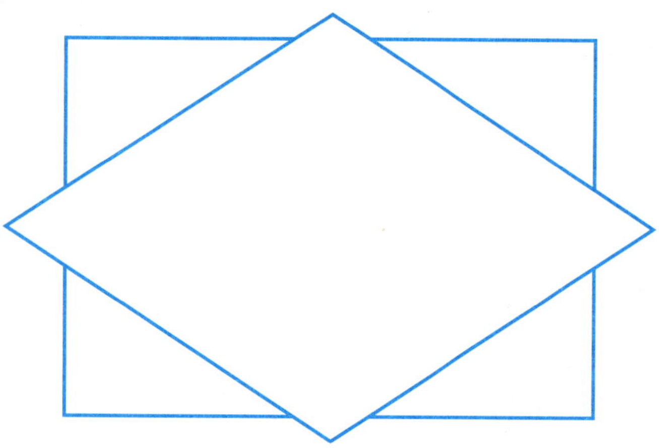

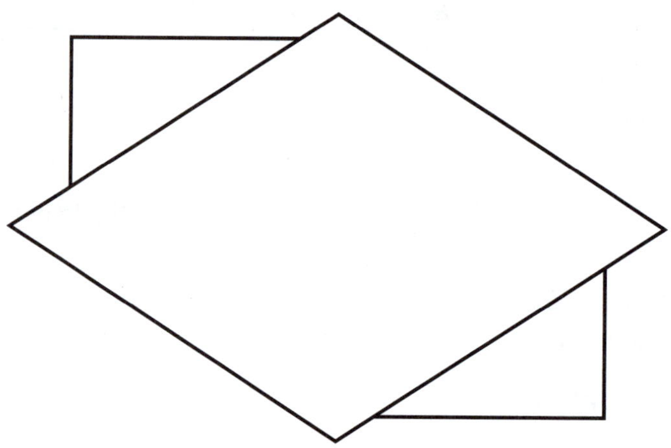

DATE : ....

GUIDE ▶ SÉANCE 8	ACTIVITÉS	COLLECTIF	INDIVIDUEL
Calcul mental	Ajout, retrait de nombres < 100	✓	✓
Réviser	Reproduction d'une figure complexe		A
Apprendre	Masses	Recherche	1 à 3 p. 68

Reproduire une figure

A Reproduis cette figure.

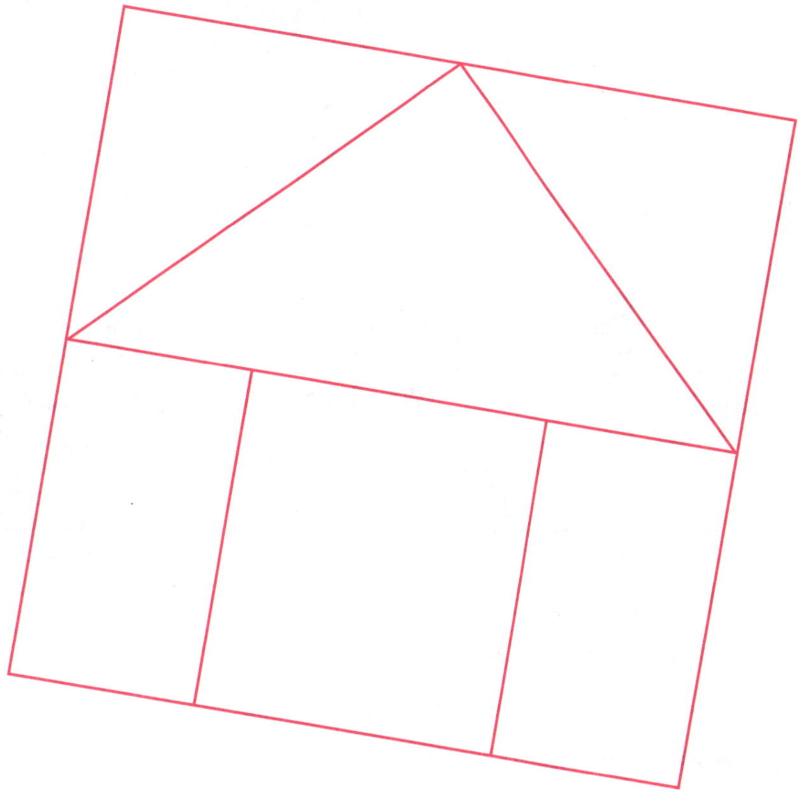

DICO 35•36

Comparer et mesurer des masses

1

Quel est l'objet le plus lourd : le livre ou la trousse ? ....

2

a. **Quelle est la masse du sac bleu ?** ....

b. **Quelle est la masse du sac rouge ?** ....

c. Pour peser le sac jaune, on utilise les masses marquées : 1 kg ; 100 g ; 50 g.

Quelle est la masse du sac jaune ? ....

d. **Des trois sacs bleu, rouge et jaune, quel est :**

- le plus léger ? ....
- le plus lourd ? ....

3

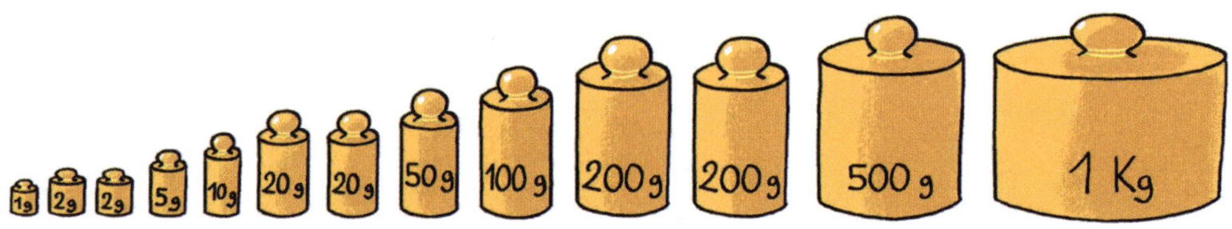

Écris les valeurs des masses marquées que l'on a utilisées pour peser :

a.

....
....
....

c.

....
....
....

b.

....
....
....

d.

....
....
....

GUIDE ▶ SÉANCE 9	ACTIVITÉS	COLLECTIF	INDIVIDUEL
Calcul mental	Calculs avec des multiples simples de 15	✓	✓
Réviser	Horaires et durées en heures et minutes	✓	A à C
Apprendre	Masses	Recherche	1 à 5

DATE : ....

Calculer des durées et des horaires

A a. Il est 10 h 25.
Dans combien de temps sera-t-il 11 h ?

....

b. Il est 9 h 15.
Quelle heure sera-t-il dans 45 minutes ?

....

c. Il est 14 h 30.
Quelle heure sera-t-il dans 40 minutes ?

....

B Le cours de guitare de Sam commence à 17 h 30 et se termine à 18 h 10.
Combien de temps dure-t-il ?

....

C L'entrainement de natation de Lou commence à 13 h 15 et dure 50 minutes.
À quelle heure se termine-t-il ?

....

DICO 36

Calculer des masses

1 Lou a acheté des fruits.

Quelle est la masse totale des fruits de Lou ? ....

2 Lou a besoin de 3 kg de sucre pour faire des confitures.
Le sucre est vendu par paquets de 500 g.
Combien de paquets va-t-elle acheter ? ....

3 Sam achète 8 paquets de sucre comme celui-ci :
Quelle masse de sucre achète-t-il ?

....

4 **Complète.**

a. 1 kg = ... g b. 5 kg = ... g c. 2 kg 250 g = ... g d. 1 kg 50 g = ... g

5 **Entoure la masse la plus grande.** Explique ta réponse.

a. 1 200 g ou 1 kg 200 g ....

b. 800 g ou 2 kg ....

c. 2 020 g ou 2 kg 200 g ....

GUIDE ▶ BILAN	PRÉPARATION	BILAN	CONSOLIDATION
Reproduction de figures	A	Exercices 1 et 2	1 et 2 p. 72
Lecture d'un plan	B	Exercice 3	
Masses	C	Exercice 4	3 à 8 p. 73

Je prépare le bilan QCM

Coche la ou les bonnes réponses s'il y en a plusieurs.

A **Avant de reproduire le modèle, il faut :**

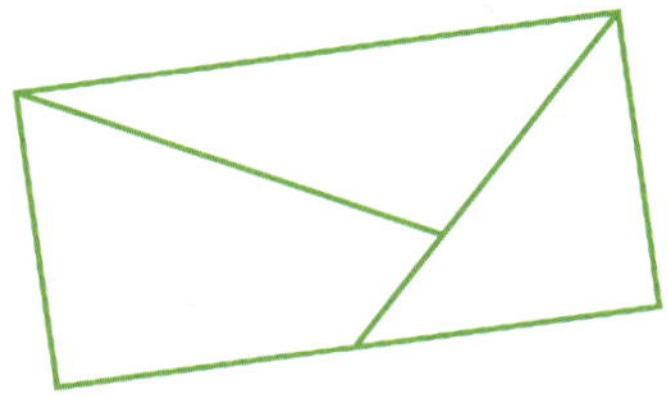

- ☐ chercher s'il y a des figures que je connais.
- ☐ chercher s'il y a des angles droits.
- ☐ mesurer les longueurs des côtés et des segments.
- ☐ chercher s'il y a des points et des segments qui sont alignés.

B

Sur le plan :

- ☐ L'étiquette 1 correspond au préau.
- ☐ L'étiquette 1 correspond à l'aire de jeux.
- ☐ L'étiquette 2 correspond à une clôture.
- ☐ L'étiquette 2 correspond à l'entrée.

C **Les phrases exactes sont :**

- ☐ La masse du sac jaune est 150 g.
- ☐ La masse du sac jaune est 1 050 g.
- ☐ Le sac jaune a pour masse 1 kg 50 g.
- ☐ Le sac jaune pèse 1 500 g.

DATE : ....

Je fais le bilan

1 **Termine la reproduction en utilisant ta règle, mais sans mesurer.** p. 72 1 et 2

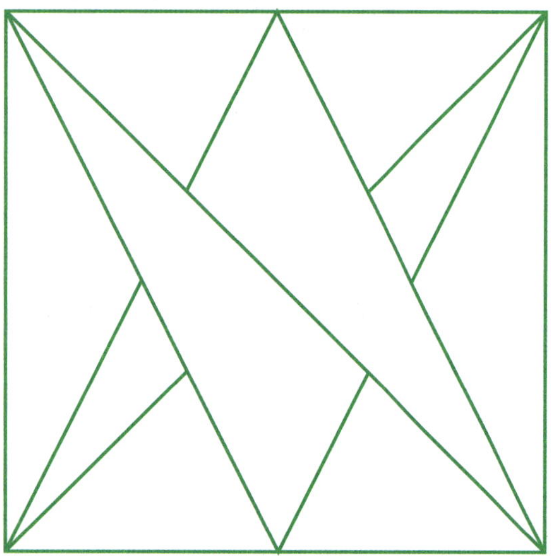

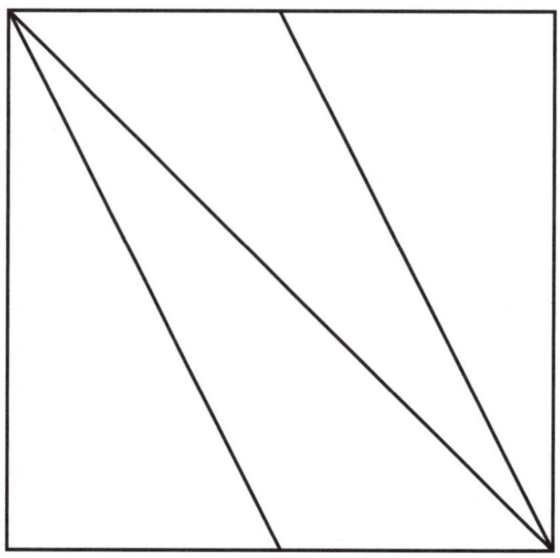

2 Reproduis la figure.

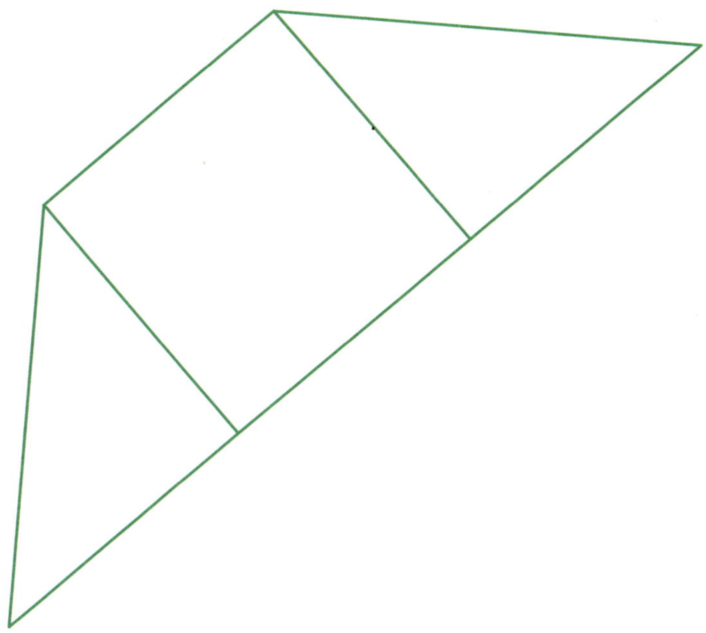

3 Sur le plan distribué par le maitre ou la maitresse, **indique à quoi correspond dans la réalité chaque emplacement repéré par un numéro.**

4

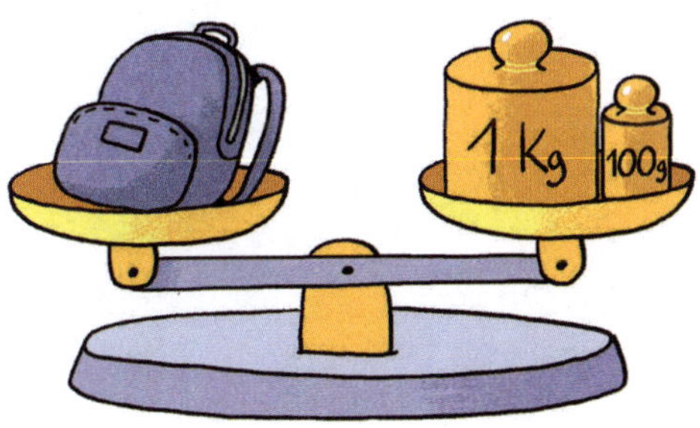

p. 73 3 à 8

a. **Quelle est la masse du sac rouge?** ....

b. **Quelle est la masse du sac bleu?** ....

c. **Quel est le sac le plus lourd?** Explique ta réponse.

....

....

Je consolide mes connaissances

1 Termine la reproduction en utilisant la règle, mais sans mesurer.

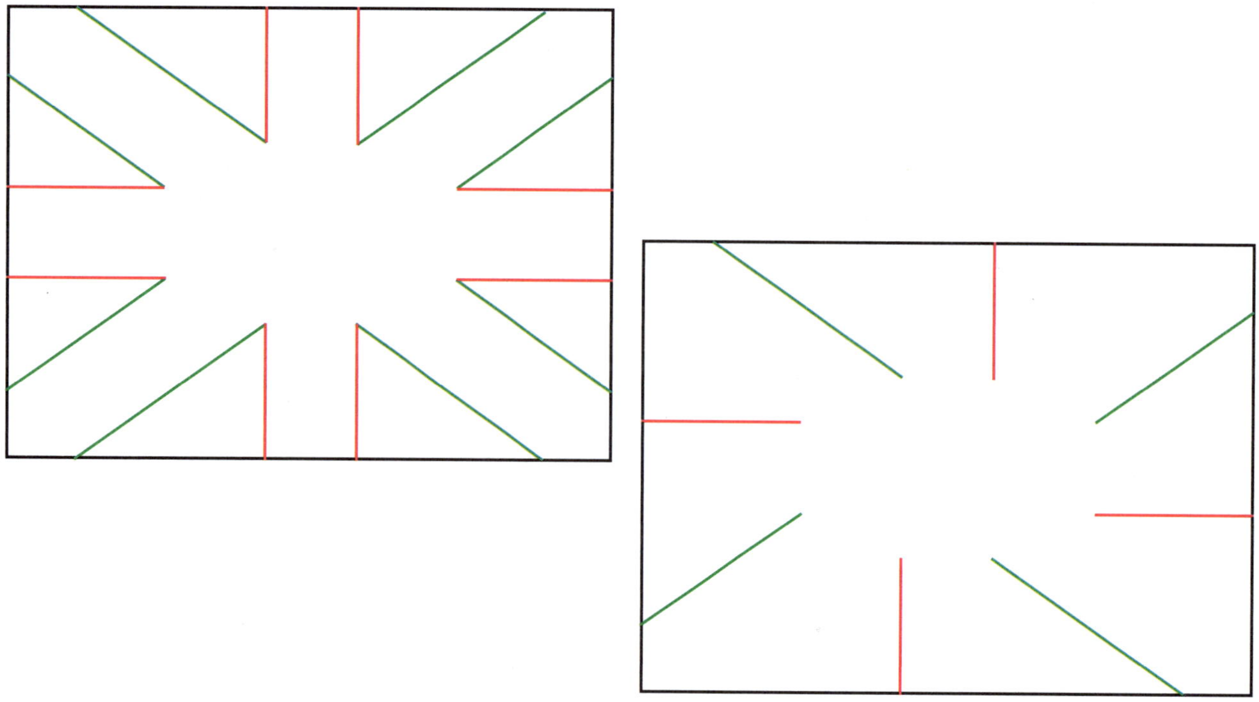

2 Reproduis cette figure.

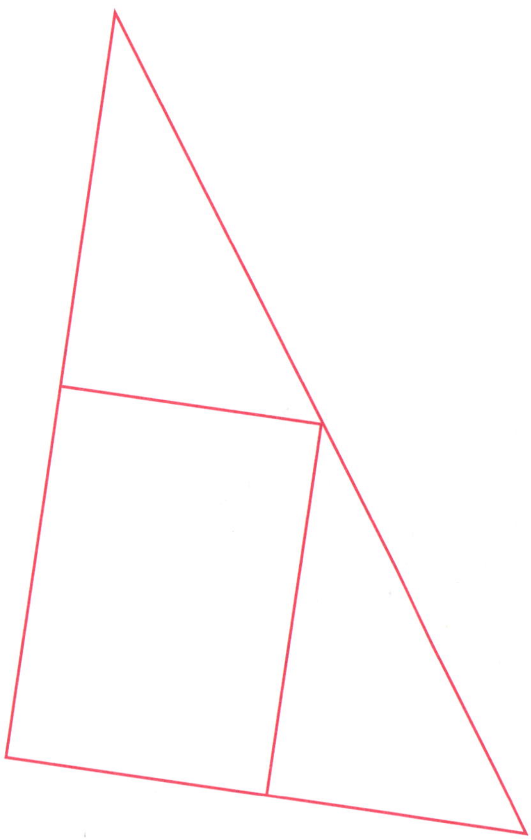

3 a. **Complète.**

Le sac le plus lourd est ....

b. On change les 2 sacs de plateau.
Dessine la balance.

4 **Complète.**

Le fruit le plus lourd est ....

5

Range les sacs du plus lourd au moins lourd: ....

Explique ta réponse: ....

6 a. **Combien pèse une orange?** ....

b. **Combien pèse un oeuf ?** ....

7 Sam a acheté deux paquets de 125 g de biscuits au chocolat
et trois paquets de 250 g de gâteaux à la fraise.

Quel est le poids total de tous les gâteaux ? ....

8 Pour la fête de l'école, Flip prépare des paquets de 250 g de bonbons.

Combien de paquets va-t-il remplir avec 2 kg de bonbons ? ....

....

BANQUE DE PROBLÈMES

L'emploi du temps

Voici l'emploi du temps de la classe d'Anthony.

EMPLOI DU TEMPS

	Lundi	Mardi	Mercredi	Jeudi	Vendredi
8h30	Éducation musicale	Enseignement moral et civique	Production d'écrit	Éducation musicale	Lecture compréhension
9h05 / 9h30	Maths	Production d'écrit	Maths	Maths	Étude de la langue
10h10	Récréation	Récréation	Récréation	Récréation	Récréation
10h25	Lecture compréhension	Maths	Étude de la langue	Histoire ou Géographie	Maths
11h30	Cantine ✦ Atelier au choix	Cantine ✦ Atelier au choix		Cantine ✦ Atelier au choix	Cantine ✦ Atelier au choix
13h30	EPS	Histoire ou Géographie		Sciences	EPS
14h45	Récréation	Récréation		Récréation	
	Arts plastiques	Sciences		Anglais	
16h00					

1 **Quelle est la durée de la séance de mathématiques (maths) du lundi ?**

....

2 **Quelle est la durée de la séance d'éducation physique et sportive (EPS) du lundi ?**

....

3 La récréation du matin et celle de l'après-midi ont la même durée.
À quelle heure se termine la récréation de l'après-midi ?

....

4 Anthony reste à la cantine le lundi midi.
Combien de temps Anthony reste-t-il à l'école le lundi ?

....

5 Après le repas à la cantine, Anthony joue au pingpong.
L'atelier pingpong dure 30 minutes et se termine à 13 h 15.

À quelle heure commence-t-il ? ....

6 **Quelle est la durée de la séance de mathématiques (maths) :**

a. le mardi ? .... b. le mercredi ? ....

7 **Chaque semaine, pendant combien de temps la classe d'Anthony fait-elle des mathématiques (maths) ?**

....

8 Le lundi soir, après la classe, Anthony va chez sa Mamie.
Il y arrive à 17 h et y passe la soirée et la nuit.
Il part de chez sa Mamie le mardi matin à 8 h.

Combien de temps Anthony reste-t-il chez sa Mamie ?

....

GUIDE ▶ SÉANCE 7	ACTIVITÉS	COLLECTIF	INDIVIDUEL
Calcul mental	Le bon compte	✓	✓
Réviser	Estimation de masses et pesées	✓	A B
Apprendre	Représentations de polyèdres	Recherche	1

DATE : ....

Estimer et comparer des masses

A **Entoure la bonne réponse.**

a. Une pomme pèse environ :

2 g 200 g 2 kg

b. Thomas a huit ans, il pèse environ :

30 g 3 kg 30 kg

c. Une bouteille de 1 L d'eau pèse environ :

100 g 1 kg 10 kg

d. Un trombone pèse environ :

1 g 100 g 1 kg

B

1 200 g 12 kg 12 g

102 g 1 kg 20 g

1 020 g 1 kg 200 g

a. **Relie** les masses identiques.

b. **Range** les masses de la plus petite à la plus grande.

....

....

....

DICO 57

Reconnaitre des polyèdres

Les photographies sont celles des polyèdres que tu as devant toi.

1 Trouve la ou les photographies qui peuvent correspondre à chaque polyèdre :

(a) : .... | (b) : .... | (c) : .... | (d) : ....

(e) : .... | (f) : .... | (i) : .... | (k) : ....

Attention, certains polyèdres ont pu être photographiés plusieurs fois et d'autres pas du tout.

1

2

3

4

5

6

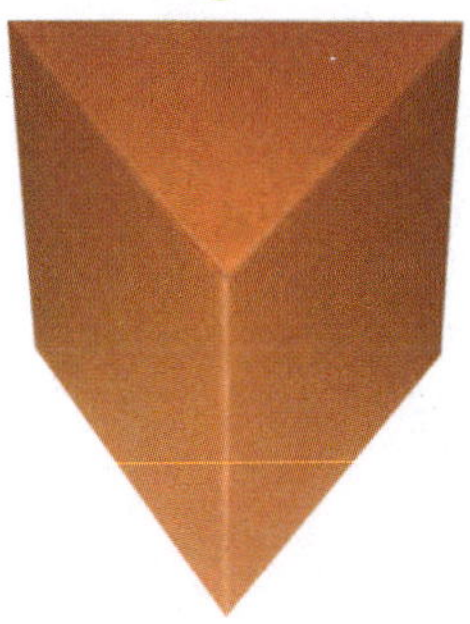

7

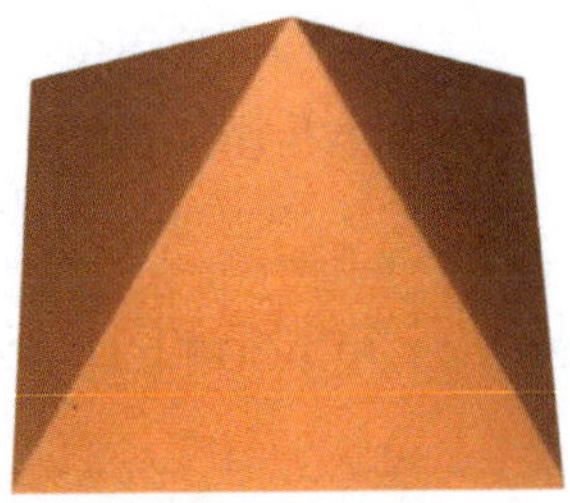

8

DATE : ....

GUIDE ▶ SÉANCE 8			
	ACTIVITÉS	COLLECTIF	INDIVIDUEL
Calcul mental	Le bon compte	✓	✓
Réviser	Repérage sur quadrillage		A
Apprendre	Unités de mesure	Recherche	1 à 6 p. 77

Se repérer sur un plan de ville

A **BOURG-EN-BRESSE** CENTRE VILLE ECHELLE 1/ 5 400e Parkings P Voies Piétonnes

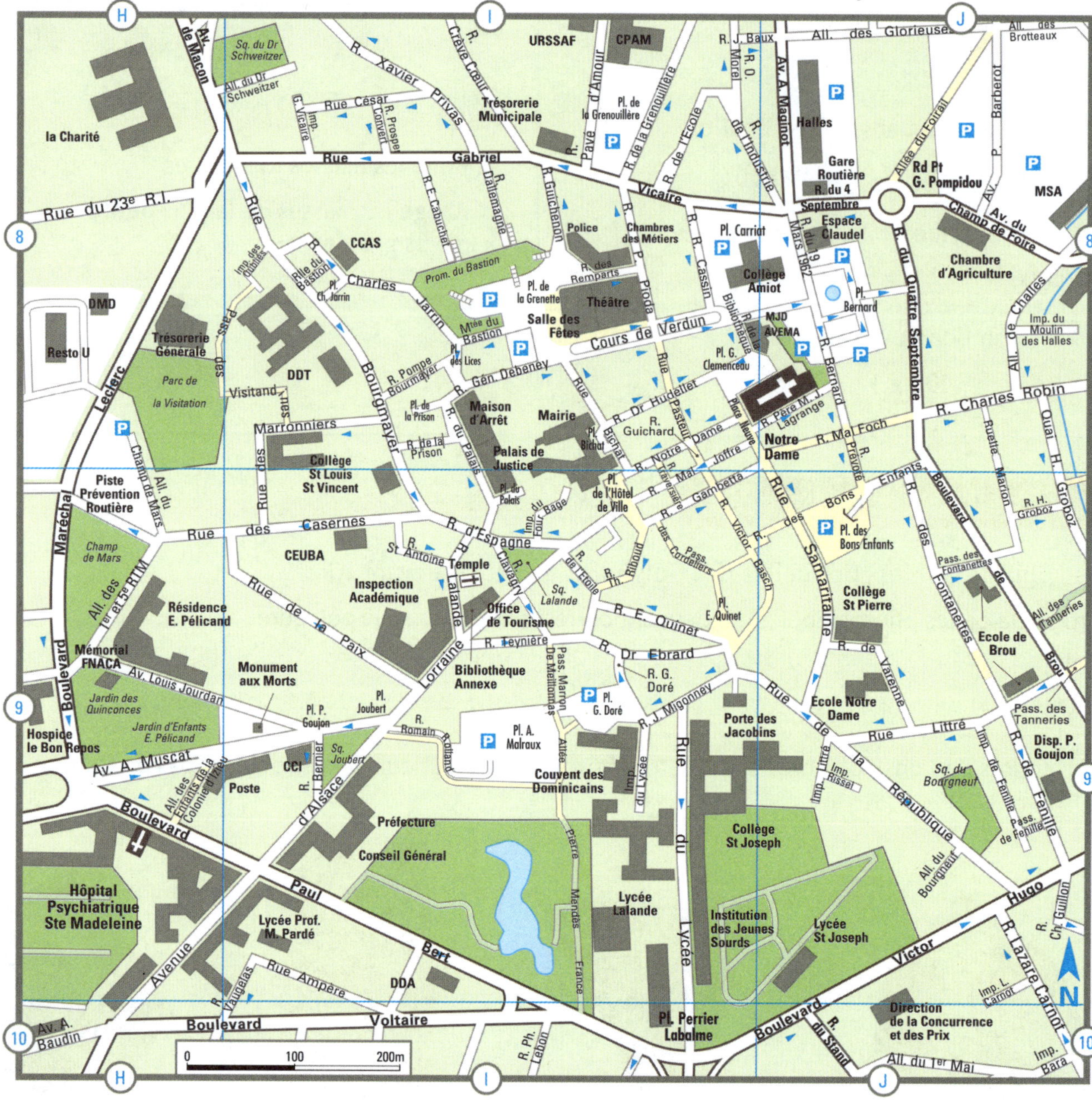

a. **Entoure** sur ce plan du centre-ville de Bourg-en-Bresse :

- la rue Charles Robin J 8
- l'avenue Louis Jourdan H 9 - I 9
- l'office de tourisme I 9

b. **Indique où se trouve :**

- la place André Malraux : ....
- la cathédrale Notre Dame : ....
- le Champ de Mars : ....

c. **Repère deux voies piétonnes.** Cite leurs noms et indique leur localisation.

....

d. **Repère au moins deux parkings.** Indique leur localisation.

....

Estimer, calculer et convertir des grandeurs

Pour les exercices 1 et 2, utilise : t kg g km m cm mm L cL

1 **Complète avec les unités qui conviennent.**

a. un paquet de 2 .... de lessive.
b. une brique de 1 .... de lait.
c. un chemin de 1 500 .... de long.
d. un verre de 10 ....
e. un pain de 500 ....
f. une règle de 20 .... de long.

2 **Quelle unité utilise-t-on pour mesurer :**

a. la longueur d'une route ? ....
b. le poids d'une tablette de chocolat ? ....
c. la longueur d'un crayon ? ....
d. la contenance d'une bouteille ? ....
e. la hauteur d'une bouteille ? ....
f. l'épaisseur d'un trait de craie ? ....
g. le poids d'un éléphant ? ....

3 a. **Pour réaliser une masse de 1 kg, que faut-il ajouter à 400 g ?** ....
Explique ta réponse : ....
b. **Pour réaliser une longueur de 1 km, que faut-il ajouter à 450 m ?** ....
Explique ta réponse : ....
c. **Pour avoir une quantité d'eau de 1 L, que faut-il ajouter à 75 cL ?** ....
Explique ta réponse : ....
d. **Pour avoir une masse de 1 t, que faut-il ajouter à 500 kg ?** ....
Explique ta réponse : ....

4

Sur un camion, on charge 20 caisses de 100 kg chacune.
Quelle est la masse du chargement ?
Donne ta réponse en tonnes.

....

....

5

Un agriculteur produit 4 t de pommes.
Il les vend par sacs de 10 kg.
Combien de sacs peut-il vendre ?

....

....

6 **Complète.**

a. 2 kg = ... g
b. 2 cm = ... mm
c. 3 m = ... cm
d. 2 L = ... cL
e. 2 t = ... kg
f. 1 km 50 m = ... m

DATE : ....

GUIDE ▶ SÉANCE 9			
	ACTIVITÉS	COLLECTIF	INDIVIDUEL
Calcul mental	Le bon compte	✓	
Réviser	Reproduction d'une figure complexe		A
Apprendre	Repérage sur une carte	Recherche	

Reproduire une figure

A Reproduis cette figure.

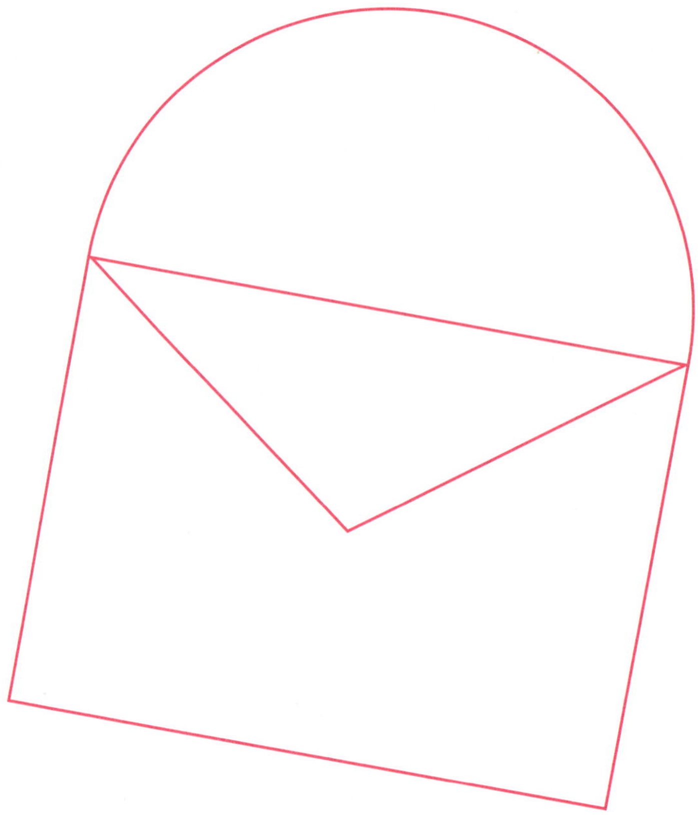

GUIDE ▶ BILAN	PRÉPARATION	BILAN	CONSOLIDATION
Représentations de polyèdres	A	Exercice 1	
Unités de mesure	B	Exercices 2 et 3	
Reproduction d'une figure complexe			1 et 2 p. 80

Je prépare le bilan QCM

Coche la ou les bonnes réponses s'il y en a plusieurs.

1 2 3 4

A La photographie qui peut être celle d'un cube est :

☐ 1 ☐ 2 ☐ 3 ☐ 4

○ ○

B Pour cet objet, on peut mesurer :

☐ la longueur ☐ la masse ☐ la contenance

○ ○

DATE : ....

Je fais le bilan

1 Entoure le ou les numéros des dessins qui peuvent être ceux d'un cube.

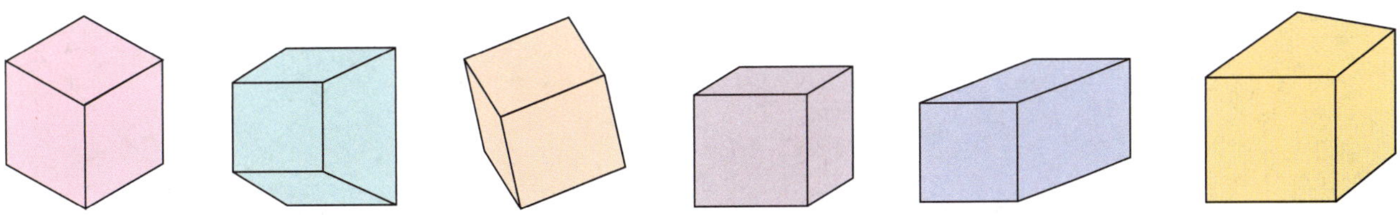

1 2 3 4 5 6

2 Complète avec l'unité qui convient.

Lou doit parcourir 1 300 .... pour aller à l'école ; son sac est bien lourd, il pèse près de 3 .... ; pour le gouter, elle emporte une bouteille de 33 .... de jus de fruits et un paquet de biscuits de 100 ....

3 Complète.

a. 3 km = ... m
b. 3 m = ... cm
c. 40 mm = ... cm

d. 4 dL = ... cL
e. 200 cL = ... L
f. 3 L = ... dL

g. 1 000 kg = ... t
h. 4 kg = ... g
i. 3 kg 200 g = ... g

Je consolide mes connaissances

1 Reproduis cette figure.

2 Reproduis cette figure.

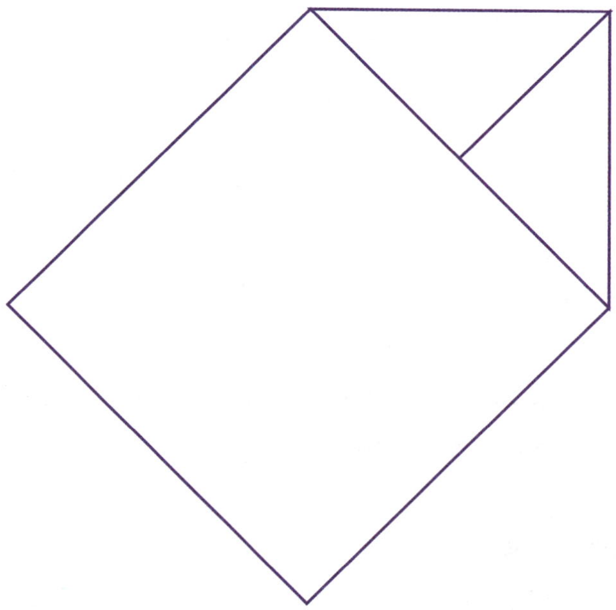

Achevé d'imprimer en Italie par L.E.G.O. S.p.A. - Lavis (TN)
Dépôt légal: 99318-3/03 - Septembre 2016